Sekai Hitosara Kikou

世界
ひと皿紀行

料理が映す24の物語

岡根谷実里
Okaneya Misato

山と溪谷社

はじめに

「今まで食べた中で一番おいしかった料理は何ですか？」

そう聞かれることがしばしばあるのだが、気のきいた答えができなくて、いつも申し訳なく思う。私は世界の家庭に滞在し、日々の料理を一緒にさせてもらうので、出合った料理の一つ一つが、それぞれの家族との記憶と共にある。だから「メキシコのお母さんが3時間煮込んだスープとフィンランドで子どもと作ったケーキはどちらがおいしかった」か比較することができず、一番と言われると困ってしまうのだ。

それならばと「さすがにこれは食べられなかったという料理はありますか？」と聞かれることも多いのだが、これも申し訳ないことに「あまり……」としか返せない。食べ物を受け付けないとかおいしくないと感じるのは、食べ慣れの問題や期待値とのずれが一因だという。甘いと思ったものが苦かったら、裏切られたその気持ちがおいしくないという反応になる。私の場合は、生活を共にして料理をする段階（時には収穫や捕獲）から一緒にさせてもらっているので、その過程の中でずれが調整されているのだと思う。「ミートソースだと思ったら虫だった！」みたいな驚きはなく、「この地

域ではこういう文化背景により虫を食べていて、苦味を取るために内臓を抜いてトマトで煮たのがこれなんだな」と気持ちの準備を持って食べると、案外何事も抵抗なく受け入れられる。ただしおかわりしたいと思うかは別の問題だが。優等生的なつまらない回答で本当に申し訳ないけれど、それが現実なのだ。

そういうわけで、「一番」について語ることは苦手なのだが、一つ一つの料理に固有の物語は語り尽くせないほどある。ベトナムの寺で代替肉を作る真の意味、納豆のにおいが民族の分断を生む話。太平洋の島でサゴヤシ団子に夢中だった時は「無味だけどおいしい」と言われ、おいしいの概念を考え直さざるを得なかった。

そんな「家庭料理の向こう側」の話を毎月書かせてもらっていたのが、雑誌『味の手帖』の連載「世界皿紀行」だ。２０２１年９月から毎月、ひと皿のエッセイを通して世界の生活を紹介してきた。それらを再編集したのが、本書である。特別おいしかったものとは限らず、代表料理というわけでもない。でも一つ一つ、深い記憶がある。ひと皿の向こうには、そこに住む人々の喜びや苦しみ、伝統と変化の中で揺れる社会の今が立ち現れるのだ。

「おいしいの？」だけでない食の物語を、味わっていただけたらうれしい。

本書で訪ねた国と地域

キルギス
ウズベキスタン
ブータン
モンゴル
フィンランド
ノルウェー
アイスランド
ベトナム
ヨルダン
パレスチナ
インド
オーストリア
ポーランド
ブルガリア
インドネシア
パプアニューギニア

目次

❖ おうちで作れる世界のひと皿

Chapter 1

アジアのひと皿

ASIA

No. 1

ベトナムの寺で「肉」を作る

代替肉チャーシュー（ベトナム）

鶏ハムの原料はきのこ。豚バラ肉は豚じゃない。牛肉も大豆でできている。なのに、食べてもそれとわからない…。ベトナムの寺の台所の代替肉たちに、頭が混乱してしまった。

代替肉は、植物性の食材から作られる肉に似た製品を主に指し、最近日本でも話題になることが増えてきた。大豆ミートのハンバーガーが大手ファストフードチェーン

で発売されたり、大豆由来のハムやソーセージがスーパー・コンビニでも売られていて、見たり食べたことのある方もいるかと思う。代替肉をはじめとしたプラントベースフードが注目される背景には、動物の権利や肉食による環境負荷への関心の高まり、健康観点などがあるとされる。

そんなわけで、代替肉は世界のフードテック界の最前線のトレンドだと思っていたわけだが、実は東アジアのお寺にははるか昔からあったのだ。それも、かなり高いクオリティで。長い歴史の中で育ってきた代替肉についてもっと知りたくなって、ベトナムの寺に10日ほど滞在させてもらった。

代替肉は精進料理

ベトナムは、宗教を信仰する人のうち仏教徒が最大数を占める国で、動物を殺さないという観点から菜食が広く普及している。つまり精進料理だ。

僧は肉や魚を一切口にしないし、僧以外の仏教徒も、月に2度の決まった日には精進料理を食べるという人が多くいる。その日は精進料理レストランは混み合い、寺でも食事が振る舞われる。

この国の代替肉は、すなわち精進料理の文脈の中で発展してきたものなのだ。

豚バラ肉をゼロから作る

この日尼さんと一緒に作ったのは、豚バラ肉のチャーシュー。もちろん肉は使わない。私が街で食べた精進バインミー（バゲットサンド）に入っていたチャーシューが、見た目も味も本物そっくりで、「どうやって作るの？」と尋ねたのが発端。そこから「一緒に作ろうか」となって、寺に通う2人の女性に教わりながら代替肉チャーシュー作りが始まった。

まず2つのボウルにそれぞれ米粉とタピオカ粉を入れ、ココナッツミルクを加える。「味付けは、塩と砂糖と味の素。少々ね」と言いながら、ばさっと投入。混ぜながら横を見ると、もうひとりの女性がバゲットをつぶしている。なんと！　せっかくパリッと焼かれたバゲットを、両手でぺったんこにつぶして、そしてアジの開きのように2枚に開いているのだ。戸惑う私をよそに、彼女の動きには迷いがなく、バゲットの開きをバットに広げて、すでに体は次の作業に移っている。

「豚バラ」という名の湯葉を厚く重ねたような大豆製品を水に戻し、米粉液を吸わせ

普段の寺の昼食。右上のスープは、キャベツのゆで汁を味付け

精進バインミーは、肉だけでなく魚醤もマヨネーズも精進版

てりってりのチャーシュー。この断面を切ると美しい層が…

てバゲットの上に並べて蒸し器の中へ。数分して固まったら、タピオカ粉の液を流し入れて再び蒸し器へ。湯葉層とタピオカ層をもう一回ずつ。そして最後にバゲットの半身をのせて、上からぎゅーっと押しつけて固める。

しっかり冷めたら、切って、揚げ焼きにして、タレを絡めてチャーシューの完成。揚げると湯葉層だけが茶色に色づき、見る見る三枚肉の趣に。皮・赤身・脂身としっかりコントラストがあって、一番不安だった脂肪層も、ココナッツミルクを含んだタピオカ層は口溶けがよく、脂肪のようなのだ。

肉を使わず、しかも高度な技術ではなく手作業で、精巧な代替肉チャーシューができてしまった。

やっぱり肉を食べたい?

精進チャーシューを食べながら、気になっていたことを

法要の日。各種「代替肉」料理が並ぶ

尼さんに聞いてみた。

「これだけの手間をかけて肉を作るということは、やっぱり、僧でも、時々は肉を食べたいの？」

すると尼さんは笑って教えてくれたのだ。

「寺に来る人たちのためだよ。私たちは、肉を食べたいと思わない。でも、寺に来る人は普段は肉を食べる人も多いの。中には、野菜だけの食事はさみしいからいやだという人もいる。でも、これだったら食べてみたいと興味持つでしょう？」

なるほど…。たしかに尼さんとの普段の食事は、野菜を野菜として食べる料理が中心。きのこ鶏ハムや大豆肉が皿に並ぶのは、法要で仏教徒が寺に集った時だった。

制約が生む菜食美食の可能性

最近の代替肉ブームを見ながら、「わざわざハンバーグに似せなくても、おいしい豆腐やがんもどきを食べればいいじゃないか」と私は違和感も抱えていたのだが、尼さんの話を聞いて納得。より本格的な菜食との間の橋渡しをするものと考えたら、現在の代替肉も精進料理も共通だ。そもそも、私自身代替肉をきっかけに精進料理に興味を持った時点で、見事に思惑通りだったわけだ。

美食は制約の中でこそ生まれてきたという話もある。動物や環境のためという大義を一旦脇に置いても、「肉を使わずに肉っぽいものを作ってやろう」という発想によってこんなに工夫に富んだ食文化が生まれてきたのならば、今の代替肉ブームも応援せずにはいられない。

No. 2

唐辛子は野菜？辛い国ブータン

エマダツィ（ブータン）

「オリーブオイルは体にいいから」といわれても、イタリアやスペインの友人たちのかけるオリーブオイルの量にはいつも驚かされる。控えることなく、サラダにもパンにもたっぷりかける。油を使わない文化の日本で育った私は、体によくてもわるくてもカロリーはカロリーだよとドキドキしてしまうのだけれど、土地が変われば物の見方も変わるのだ。

市場にも、道端の商店にも、唐辛子は必ずある

このオリーブオイルと同じ、いやそれ以上の驚きを受けたのが、ブータンの唐辛子。調味料としてではなく、野菜としてもりもり食べるのだ。いくつもある野菜の一つとしてではなく、メインの野菜として食べる。統計によると、一家で1週間に1kgほどの青唐辛子を食べるそうだ。さすがに誇張だろうと思ってタクシーの運転手さんに聞いたら、「うちの家族は4人だけど、1kgなら4日でなくなるよ！」と言われた。

そんなブータンの唐辛子事情をお届けする。

おかずの主役は唐辛子

街から車で30分ほどの、静かな田舎の家庭でのこと。今日の夕飯はエマダツィだ。エマ（青唐辛子）を切って鍋に入れ、ダツィ（カッテージチーズ似のチーズ）と水と油と塩を加えて、火にかける。ものの10分ほどで、唐辛子の

左のしわしわでいびつな形のが、おいしいとされる

チーズ煮が出来上がる。「今日は」と書いたけれど、実はほぼ毎日エマダツィを食べていた。エマダツィ以外の料理でも、ケワダツィ（ケワ＝じゃがいも）やシャモダツィ（シャモ＝きのこ）にも唐辛子が入るので、結局はすべてエマダツィのバリエーションのようなものだ。エマとダツィのない食卓はありえない。

味はというと、激辛料理のように見えて実はそうではない。もちろん辛いは辛いのだけれど、爽やかな青い香りが鼻を抜け、うまみや甘味を感じるし、くせになる。もうご飯が進んで仕方ない。

ちなみに夏の時期は青唐辛子がとれるけれど、冬は乾燥赤唐辛子が主流になるそうだ。赤唐辛子はドライトマトのようなうまみがあって、このエマダツィもまたたまらない。都市の人は玉ねぎやトマトを入れ、田舎に行くと唐辛子一色。汁気の多いものや少ないもの、人によっていろいろな作り方があり、はじめは唐辛子の量に怯えていたけれどすっかりはまってしまった。

唐辛子はしわしわがおいしい

市場に行くと、青唐辛子が山のように売られている。値段は1kg150ニュルタム（約250円）くらい。同じ店で青唐辛子の山が2つあることもあるのだけれど、何が違うのかわからない。一緒に買い物に行った家族に「品種が違うの？」と聞いてみると、「同じだよ。青唐辛子はどれもエマ。呼び分けたりはしない」という。では2つの山の違いは何かというと、種のとれた地域と栽培地域で、それによって辛さや味が違うのだそう。

そしてその山の中から好みの唐辛子を選ぶ様子も、また興味深い。量り売りなので、よさそうなものを選んでたらいに入れていくのだけれど、よく見ると皆しわしわでいびつな形のものを探して入れている。「しわしわの方が味がいいんだよ」という。つるんとして形のよいものをつい選びたくなってしまう私には、目から鱗だった。そう言われるといびつな形の方が味が出そうな気がしてくる。

農村の家庭での食事。みんな本当によくご飯を食べる

こちらのエマダツィは、ヘタ入り。味が出るのだそう

唐辛子は、ご飯のお供？

そうして毎日エマダツィを食べながら、食卓を囲んでいて圧倒されたのは、器によそうご飯の量。農村に滞在していた時など、どんぶり山盛り一杯のご飯をみんな飲むように食べて、おかわり必須。みんなよく食べるし男の人なら3杯平らげたりするから、一升ほど炊いたご飯が6人家族の一食でほぼなくなってしまう。

ではエマダツィも大鍋一杯食べるのかというとそんなことはなくて、小鍋に作っても余るくらい。床に一家で丸く座り、少しのおかずで大量のご飯を食べる様子を見ていると、かつての日本もこんな感じだったのかなあと思いが及ぶ。日本は塩気の強いおかずで大量のご飯を食べたけれど、ブータンは唐辛子の辛みで大量のご飯を食べる。海から遠く、塩が容易には手に入らなかったからだろうか。またブータンは国土の7割強が森林で、山岳国家ゆえに耕作できる土地も限られる。今ほど野菜が食べられるようになったのも、１９６０年代以降の日本の農業技術指導者、西岡京治氏の尽力があってのことだという。食べるって、生きるって、本来厳しいことなのだ。

なんでも唐辛子とチーズ味で飽きない？

ところで、冒頭に書いたように、ブータンの家庭料理はとにかく何でも唐辛子とチーズ煮だ。毎食毎日同じような味で飽きないのだろうか。初めはそう思っていたけれど、農村で暮らしているとにかく体を使うし、米をお腹いっぱい食べられるだけで満足な気持ちになる。飽きるとか飽きないとかいう話が空虚に聞こえてくるくらいだ。それによく考えてみれば日本の料理だって、「とにかく何でも出汁と醤油味」だ。食べるって、土地の必然と生活の必要から生まれるもので、変わらない安定感にこそ暮らしの安心感があるのかもしれない。唐辛子の辛さに「安心感」を感じる日が来るとは、思ってもいなかったけれど。

No. 3

モンゴルの草原の白い食べ物たち

ウルムとアーロール（モンゴル）

「白い食べ物」と聞いて何を思い浮かべるだろうか。

豆腐は白い。白米、うどん、大根も白い。だがここで話したいのはそれらのことではない。「白い食べ物」が単に色のことではなく、特定の食品物群を指す国があるのだ。

その国は、モンゴル。草原や砂漠で遊牧が営まれるこの国には、「赤い食べ物（ウラン・イデー）」と「白い食べ物（ツァガン・イデー）」という言葉がある。赤い食べ物は肉、白い食べ物は乳製品のことだ。むかし地理の教科書で読んだところによると、赤と白の食べ物が食事の中心で、米や緑の野菜は食べないとか。さすが遊牧民の国だ。

今回私がモンゴルの台所を訪れたのは、この「白い食べ物」を深く知りたかったから。実に30種類以上もの乳製品が、職人の工房や大規模な工場ではなく、一般家庭で作られて流通しているというのだ。家の台所に根付く乳製品加工技術を知りたい、白い食べ物尽くしという夏の食卓が知りたい。そんな思いでモンゴルに飛んだ。

訪れたのは、首都ウランバートルから200㎞ほど離れたセレンゲ県の草原地域。草原の川沿いにあるゲル（移動式の家）には、60代の夫バドワールと妻ガルマーの2人暮らしで、私が訪れた8月はちょうど学校の夏休みだったので、3人の孫たちが手伝いに来ていた。一番下の子は6歳の男の子だけれども、もうしっかり馬を乗りこなして羊の群れを集めてきたりする。遊牧民の生活で最も忙しいのは、動物のミルクが出る夏だ。この時期に3ヶ月の長い夏休みがあるのは、遊ぶためではなく家の手伝いをするためなのだ。

そんなわけで、5人暮らしの家に私が転がり込み、騒々しく忙しい日々となった。

特に印象的だった「白い食べ物」を、いくつか紹介したい。

この家で飼っているのは馬、牛、羊、ヤギ。見えるだろうか

朝食は搾乳とウルム作り

夏の遊牧民の朝は早い。日の出前の5時過ぎに起床して、仕事開始だ。子どもたちもガルマーばあちゃんに叩き起こされ始動する。

6時すぎには牛の搾乳。その搾ったばかりのミルクを大鍋に入れ、温めながら何度か柄杓ですくい落とす。鍋の表面を覆い尽くす細かい泡が美しい。このまま放置し、夕方に鍋を見ると表面に黄色くて厚みのある膜が張っている。これを集めたものが、「ウルム」というクリーム製品だ。

イギリスのクロテッドクリームに似た脂肪分たっぷりのものなのだが、パンにのせて食べるとミルクの甘みとやわらかな風味が口に広がって、最高だ。高脂肪なのにすっきりと軽くて食べやすく、パンにのせると上のウルムだけを先に食べてまたのせたくなる事態が頻発して困った。

ウルムは本当に危険だ。そのカロリー分しっかり働くけれど

「モンゴルの牛たちは、草原に生える300種類以上もの薬草を喰んでいて、それがミルクになるんだ。だからモンゴル人は白い食べ物を通して多様な栄養や薬効を得ている」

そう言われると、食べすぎてもきっと大丈夫という気がしてくる。

そしてウルム自体もうまいのだが、鍋肌に残った部分が、これまたうまい。焦げるまでいかないけれど少しパリッとしたこの部分をこそげたものは、子どものつまみ食い対象だという。私があまりにいつも横にいてねだるものだから、ガルマーはそのうち私に鍋掃除をさせるようになった。

ヨーグルトは飲み物

ウルムをとった後の鍋には、乳脂肪分が取り除かれたミルクが残る。といっても一部が取り除かれただけなので、飲み慣れた普通のミルクと大して変わらない。

アーロールを乾かすのは草原の風。しかし雨や鳥など敵も多い

これを再び温めて、タネを入れて半日置いて作るのが、「タラグ」だ。いわゆるヨーグルトなのだが、食べ物ではなく飲み物としてがぶがぶ消費されるのに驚いた。

乾燥チーズは土地のおいしさ

タラグは立派な製品だが、日持ちがしない。この家は街から遠いこともあって売りにくいため、より日持ちのする製品に加工する。それが「アーロール」という乾燥チーズで、私がモンゴルでやみつきになってしまったものだ。

大鍋にタラグを入れ、沸騰させない火加減で温め続け、細かい粒々の塊ができてきたところで加熱終了。鍋を屋外に出して冷ましたら、中身を布袋に注ぎ、ゲルの壁に吊るして半日水切りする。さらに石で重しをして一晩脱水すると、白い大きな塊ができる。これを切って天日で数日干したら、アーロールの完成だ。牛乳で作ったものはクリーム

揚菓子とその上に盛られたアーロールはエネルギー補給にいい

色、ヤギと羊のミルクのは白色で、味も少し違う。

鳥につつかれないようネットで覆ったり(それでもしょっちゅう食べられる)、雨が降りそうになったら取り込んだり、草原の自然と戦いながらできていく。見ためは石けんの様で無愛想だし、酸味があって皆が好きな味ではないけれど、だからこそはまるとはまってしまう。私が干し台のアーロールをひっくり返す手伝いをしながら破片をつまみ食いしているのを見て、ガルマーは「ちゃんと食べなさい!」と大きな塊をくれたりした。

さてこのアーロール、気に入って意気揚々日本に持ち帰ったのだが、ほぼ消費されずに冷蔵庫に眠っている。味は同じはずなのに、蒸し暑い日本の夏に食べるとまるで別物。魔法がとけたようにおいしく感じないのだ。この気候だと、するっと食べられるそうめんと冷奴に手が伸びる。同じ白でも、土地の味があるものだ。

No. 4

インド先住民族21世紀の雑穀の食卓

雑穀チャパティとドーサ（インド）

インドといえば「カレーにナン！」と思っていたが、初めて訪れた時に家ではナンを焼かないと知って衝撃を受けた。ナンを焼くための窯は一般家庭にはなく、北インドの家庭では鉄板でチャパティという薄いパンを焼くのだ。南に行くと、小麦に代わって米が台頭する。地域ごとに主食すらも違い、インドを知るほどにインドの食がわからなくなっていく。3回目のインドの台所探検は、それに拍車をかけた。訪れたのは、

先住民族の台所だ。

先住民族？

日本のアイヌ、オーストラリアのアボリジニのように、実はインドにも先住民族がいる。それも一つの民族ではなく、７００以上もの民族が指定部族とされている。それぞれの言葉や文化を持ち、自然環境の中で生活を築いてきた人々。その食の知恵を知りたくて、知人の紹介で南部のニルギリ丘陵に暮らすイルラ族の家庭を訪れた。

ニルギリ丘陵は紅茶の産地としても知られる険しい山地だ。いくつかの先住民族が暮らしていて、イルラ族は森の知恵に長けている。村に到着したら、手作り感のあるカラフルなコンクリの平屋の家々が並び、人々は身長１５０㎝弱の私と目線の高さが同じで、なんだか落ち着いた。

雑穀で作るチャパティ

「朝ごはん…チャパティでいい？」

朝起きるなり滞在先の家の母さんが、申し訳なさそうな顔をして尋ねてきた。チャ

雑穀（ミレット）の粒は米よりもずっと小さくて、ごま粒級

パティは北インドならば毎食食べるもの。たしかに目新しさはないけれど、普段の料理を一緒に作りたいとお願いしているのだから「もちろん！」と返事し、腕まくりした。

小麦粉に水を加えてこねるんだったよな…。しかし母さんは小麦粉を取り出すのではなく、鍋に湯を沸かし、なんとそこに粉を投入するではないか！　パドルのような木の棒を両手で握って練る。こんなチャパティの作り方は見たことがない。鍋の中のべたべたした生地は団子になっていくだけで、薄焼きパンになる気がしない。色もグレーが濃くて様子が違う。「小麦粉じゃなくて、タミル語でカンブっていう雑穀（ミレット）の粉だよ」と母さん。調べると、英語ではパールミレットと呼ばれるものらしい。どんな味になるのだろうか。

興奮する私をよそに、彼女は淡々と生地を丸め、麺棒でのばしていく。小麦のよりひび割れやすい。慎重に一枚ず

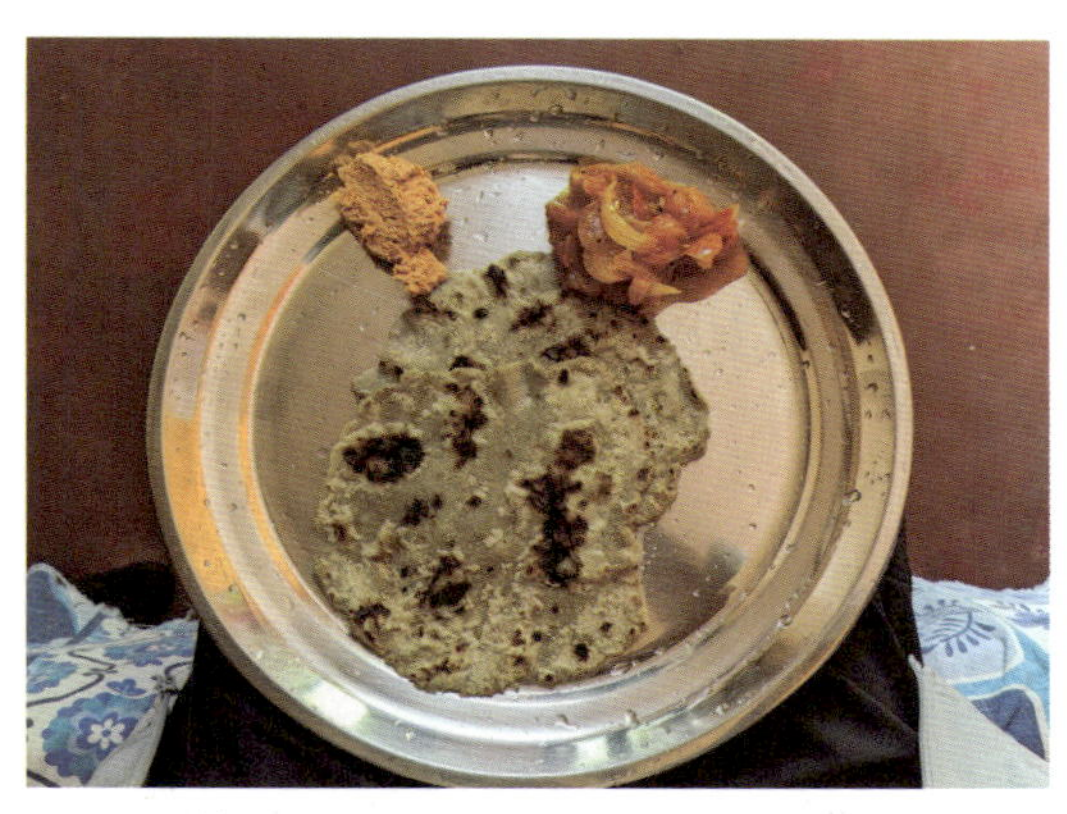

チャパティ焼き上がり。添えたチャツネはトマトココナッツ

つ鉄板に乗せ、焼く。固唾を飲んで見守っていたら、焼きたてをくれた。なんて香ばしいんだ！　ゆっくりした甘みがあり、噛むほどに味わいが深まる。「丘陵地帯で米栽培が難しいこのあたりでは、昔は雑穀を多く育てていたんだ」と言う。雑穀に興味を示した私を見て「じゃあ今日から毎食雑穀！」と言い、雑穀生活が始まった。

雑穀ドーサは古(いにしえ)のレシピ…？

昼食は、タミル語でティナイという雑穀をご飯のように炊いた。英語でフォックステイルミレット、日本語でアワ。日本でも昔は同じようにして「アワ飯」と呼んで食べていたらしい。次の日は、ヴァラグ（コドミレット）を炊いたもの。いずれも米よりお腹に軽く、味もくせがないので食べやすい。夕飯のラギボールは、その真逆。ラギ（フィンガーミレット）の粉を湯で練って巨大な蕎麦がきのように

手のひらからあふれるラギボール。紫色で見た目に重たそう

する。それをちぎってはおかずと混ぜて食べるのだが、見た目以上にお腹に溜まる上に味が単調なので、食べ終えるのに苦労した。

一番好きだったのは、雑穀ドーサ。ドーサは米と豆を挽いた生地をクレープのように焼く南インドの定番朝食だが、彼女の雑穀ドーサは２種類の雑穀入り。酸味と風味がくせになる。この家のレシピを知りたくて聞いたら、「YouTubeで見てやってみたの。雑穀は昔からあったけれど、親世代はドーサにはしなかった」とチャンネルを教えてくれた。同じ時代を生きているんだな。

雑穀から米へ、そして雑穀へ

そんな雑穀尽くしの日々を過ごしたが、これはこの家の日常ではない。雑穀をありがたがる私の横で子どもたちは見向きもせず白米を山盛り食べ、ラギボールを作り終えた

雑穀ドーサ。やや厚めでしっとり。鼻に抜ける香りがいい

母さんは「私は苦手」と身を翻し白米に手をのばしていた。

白米はうまくて食べやすい。そして、驚いたのだがインドには1960年代以降政府による公共配給制度(PDS)が実施されており、条件を満たせば無料で毎月20kgほどの米を手に入れることができる。雑穀は、育てるのも脱穀も骨が折れ、簡単に米が手に入るならば雑穀にこだわる理由がない。この家族が食べるのは今は週に一度ほどだという。

一方、近年栄養や環境観点から見直される動きもあり、都市部では新しい形で普及してきている。街のスーパーには粒の雑穀だけでなく、雑穀パスタやドーサ粉など加工品も豊富に売られていた。畑を耕さない都市民が雑穀を求め、畑のある村では白米が喜ばれる。聞き覚えのある話だ。

インドの主食がますますわからなくなってきたが、一方で日本の食の風景と重なる瞬間が度々あり、先住民族家庭を訪れて不思議な親近感を感じていた。

No. 5

インドの発酵天国ナガランドで納豆を煮る

豚肉のアクニ煮（インド）

インドのナガランドをご存じだろうか。インドらしくない地域なのだ。

インドの食といえば、スパイスを使った料理の数々。いわゆるカレーと呼ばれるが、野菜にしろ肉にしろ魚にしろ、スパイスがないと始まらない。油で数種類のスパイスの香りを出すというのがインド料理の鉄則だと思っていた。ところが、ナガランドの料理は、スパイスをまったく使わないのだ。それどころか油も使わない。代わりに使

うのが、唐辛子と発酵食品。ここはインドか？　と驚くことの連続だった。

ナガランドはどこにある？

インドは逆三角形をしているが、よく見ると右上の方に腕（耳？）が伸びている。バングラデシュとネパール・ブータンの間をすり抜け、ミャンマーに食い込むように広がっている土地があり、ここが北東インドと呼ばれる地域で、ナガランドはその一角をなす。この土地を訪れるきっかけは、発酵に興味のある知人の誘いだった。ナガランドは発酵食文化があるらしい、というほぼそれだけの情報で現地に向かった。

ナガランドに近づき飛行機が高度を下げると、険しい山々に鬱蒼とした森が広がっているのが見えてきた。地面に降り立つと、山、山、山。空港のあるディマプルの街中以外はずっと山道で、散歩が筋トレ。大変なところに来てしまったなあと思ったが、街は素朴で気に入った。人々の顔つきも、彫が深く色黒なインド人顔ではなく、まるで私たちと同じ東アジア顔。親近感が湧いた。

ナガランド、どこに行っても山のある風景だった

発酵食品の数々

滞在先の家族は、空港から車で山道を6時間ほど行った町に住んでいた。家の中と外に台所があるのだが、時間のかかる料理や匂いの強い料理をするのは外の台所。鍋の前に座り込んでおしゃべりしながら、母さんは連日いろんな発酵食品を見せてくれた。

無塩発酵たけのこ。初夏に収穫したたけのこを細かく刻んで容器にぎゅうぎゅうに詰めたもので、乳酸発酵の酸味があり、煮込み料理に入れるとうまみが増す。里芋の葉を発酵させ碁石のように固めたもの。これも肉と煮ると深みが出る。それから、納豆。日本のよりも匂いが強く、ほのかにアンモニアのような鼻を刺す匂いもする。「アクニといって、豚肉を煮るのにも、唐辛子と混ぜてチャツネにするのにも使う。うちは手作りするけど、作る人によって味

料理をしながら、上に掛かったカゴの中ではアクニが発酵中

が違うんだよ」と母さん。作り方で日本の納豆と大きく違うのは、稲藁ではなくバナナなどの葉で包むことと、台所の焚き火の上方に掛けて数日かけて発酵させるということ。

今夜は豚納豆

「今日の夕飯は、燻製豚肉のアクニ煮をしようかね」。母さんの言葉に、俄然興奮した。納豆をそのまま食べるのではなく料理に使うのは、タイ北部やミャンマーの民族も同じだから目新しくはない。けれど、燻製豚肉！　ここの生活では毎日のように食べていたが、これが本当にうまいのだ。豚肉を台所の焚火の上方に掛けておいて燻すと、身が締まりスモーキーな香りもつく。特に脂身の多いバラ肉は最高で、脂身が甘くて口の中で溶けていくのだ。私は豚の脂身はあまり好きではないのだが、ここのはすっきりして甘く、もっと食べたくなる。塩を使わないのでベーコンと

「発酵の浅いアクニと深いのを混ぜて使うとちょうどいいんだ」

も違い、豚肉のいいところだけを残したような塊なのだ。しかし、これを納豆と煮るとは。

ドキドキしている私をよそに、母さんは手際よく料理を進めていく。豚肉をぬるま湯にひたしてからぶつぎりにして鍋に投入。たっぷりのアクニ、赤唐辛子、トマト、塩を入れて火にかける。蓋をして、「このまま最低1時間半ね」と言う。長いな。

そのうち、台所に何とも言えない匂いが立ち込める。ああ、納豆。私は日本を離れて1ヶ月強。しかも南インドでスパイス尽くしの日々を過ごした後だったものだから、台所に立ち込めるアクニ、いや納豆の香りに、日本に帰ってきたような郷愁を感じてしまった。「いい匂い。おなかすいた…」と声を漏らすと、母さんはびっくり。「これいい匂いって思う？　インド人（ナガ人は本土インドの人々のことをそう呼ぶ）はくさいって言うんだよ。デリーみたいな

豚肉とアクニのうまみが、湯気にのって台所を満たす…

大都市で料理をすると、近所の人が苦情を言いに来るんだ」

それも、わかる。実際アクニの匂いは差別の一因にもなっている。長く煮れば煮るほどおいしくなるという彼女の言葉に従い2時間煮込んだら、家の外まで納豆臭。こっそり隠れてなんて、作れない。最後に島らっきょうのような香りの強い野菜をつぶして入れて、完成だ。

もう、待てない。ご飯に豚肉アクニ煮をのせ、ゆで野菜と辛いチャツネを添える。煮込まれた豚肉をつまんで食べると…味噌煮だ！　インド本土では決して食べられなかった味。煮込まれたアクニは味噌のようなうまみを出し、初めてなのに懐かしくてならない。泣きそうになりながらおかわりする私を見て、母さんはにこにこ。アクニの鍋を介して一気に家族との距離が縮まったのを感じながら、複雑な思いも抱いていた。強烈な匂いの食は人を繋げもするが、一方で人の分断を生むのだ。

No. 6

タンディール窯のある暮らし

ノンとサムサ（ウズベキスタン）

石窯と畑がある田舎の家に、ずっと憧れている。庭で採れた野菜でピザを焼き、気のおけない友人たちと木陰のテーブルを囲んで食事をする。さらに果物のなる木があったら最高だ。そんな生活をいつか送りたいと思っていたのだが、その理想の家が、ウズベキスタンの田舎にはごろごろあった。

一家に一台、中央アジアの窯

ウズベキスタンは、中央アジアの真ん中に位置する国だ。かつてシルクロードの東西交易で栄え、東は中国、西はヨーロッパまで、多様な文化を取り込んで発展してきた。ゆえに近隣地域との文化的共通点が多くある。

タンディール窯も、そんな文化の一つ。土の小山に穴を掘ったような「竪穴式オーブン」だ。発祥は定かでないが、イランあたりとする説が有力で、中央アジアに広く分布する。またインドではタンドール窯と呼ばれ、タンドリーチキンやナンが焼かれるようになった。今回私が訪れたウズベキスタンでは、ちょっと街をはずれると、ほとんどの家の庭にタンディール窯があったのだ。

タンディールの活躍

サマルカンド郊外でお世話になった家にも、タンディール窯があった。3世代同居で、庭では子どもたちが駆け回っている。その庭の奥にあるのは、竪穴式ではなく、ピザ窯と同じ横穴式の窯だった。街中の飲食店でよく見かけるのは竪穴式だけれど、家

竪穴型のタンディール。焼く時は上半身入る体勢になる

では場所を取らないこの形が便利なのだという。これもやっぱりタンディール窯と呼ばれ、用途も同じだ。

さてこの窯、いったい何を焼くのだろうか。タンディール窯で焼くものナンバーワンは、なんといっても日々の食卓に欠かせないパン（ノン）。「私は平日は学校の教師として働いているから忙しいんだけれど、一週間に一回、日曜日はタンディール窯でノンを焼くの。ノンくらい買ったらいいじゃないかって？　確かに買えば楽だけれど、家で焼いたのとはまったく別物だからね。自分で作れば調整できるし、安いし、なんといってもおいしい」。そう語る彼女の笑顔は、自信で輝いていてかっこいい。街の生活を送りながらも、窯のある生活を保てているのが、うらやましくてならなかった。

タンディール窯で焼くものは、ノン以外にもある。この日は小麦粉皮に肉のあんを包んだ「サムサ」を焼いた。友人

窯の内側にサムサを貼り付ける。私には怖くてどうしても…

の家に呼ばれたから手土産に持っていくのだと言って、広げた手くらいの大きなサムサを30個ほども包んで用意した。

窯の準備に取り掛かる。まずは燃料を庭から取ってくる。「これはくるみの枝、こっちはぶどう。これは…りんごかな？　どれもよく燃えるよ」。彼女は汗だくになりながら、燃え始めた窯の中に次々と枝を投げ入れていく。

燃料になる枝は、みな果実をつけた後の木だ。庭には実のなる木があれこれ植えられていて、春はさくらんぼ、夏はりんご、秋はぶどうにくるみ…と、季節ごと次々に果実を与えてくれるという。私が訪れたときはさくらんぼとあんずが真っ盛りで、窯の様子を見ながらも私の口は忙しかった。ああ幸せ。

窯はどんどん熱くなってくる。内側が熱で黒くなり、再び白くなったら、準備完了。いよいよサムサを焼きはじめる。ここで姑さん登場。防熱手袋をはめて、サムサを窯の

焼き上がる頃、家族が集まってきた。焼きたてに勝るものはない

内壁に貼り付けていく。こわくないのだろうか。

そうして全部貼り付け終えたら、窯に蓋をして焼くこと30分ほど。その間も時々蓋を開けては様子を見て、手で水をふきかけ、適度な湿気を与える。火加減も、焼き時間も、水のタイミングも、温度計やタイマーで管理されているわけではない。それなのに窯からは完璧な焼き加減のサムサが次々と出てきて、パリッと香ばしい。焼きたてのサムサを持って、タプチャンと呼ばれる庭のちゃぶ台に移動し、急に寄ってきた子どもたちとサムサを頬張ったら、もうすべてが満たされた気持ちになった。そういえばかなり食べてしまったけれど、手土産は足りたのだろうか。

家の窯もいいけれど…

家に窯があるのは、本当にうらやましい。けれど一方で大変なこともある。火を作るのは手間がかかるし、毎度や

共同の窯。自家製生地を渡し、お喋りしながら焼けるのを待つ

るのは時間的にも資源的にも効率が良くない。そこで出来上がったのが、共同の窯という仕組みだ。

これは別の地域の家庭を訪れた時に出合ったのだけれど、家でノンの生地をこねて、ちょうどよく発酵させたところで、家の近所の共同窯に持っていく。すると常駐する職人が焼いてくれるのだ。30分ほど待つ間に1ダースのノンが焼け、手間賃を渡して、ほかほかのノンを持ち帰った。待っている間の香りも幸福だし、焼きたてにかぶりつけるのは贅沢だ。そして片付けや火の始末を気にしなくていい。家で手作りするのと市販品を買うのとの間の、なかなか賢い選択肢ではないか。

考えてみたら、家に窯がある生活に憧れていたけれど、日々の手入れは大変そうだ。計画を変更して、共同の窯を持てる仲間を見つけることとしよう。

No. 7

停電するパレスチナでとろりあたたまる

サハラブ（パレスチナ）

最初は、パレスチナを訪れるつもりではなかった。目指したのはイスラエルで、「イスラエルの家庭に知り合いがいたら紹介してくれない？」と友人にお願いしたところ、紹介してくれたのがパレスチナの家庭だったのだ。地図を見るとイスラエルの領土の中に点線で区切られた地域があり、「パレスチナ」と書かれている。「パレスチナ自治区」という言葉を聞いたことがあるし、イスラエルの一部がパレスチナなのだろうと

思った。

しかし、待ち合わせ場所に向かうバスの中でとんだ間違いだったことに気付かされる。イスラエルに到着し、聖地エルサレムでバスに乗りこんだ。行き先は、パレスチナ最大の街ラマッラーだ。バスが出発してから小一時間ほど経っただろうか。パレスチナとの境界にさしかかると、「チェックポイント！」という運転手の掛け声でバスが止まり、銃を持ったイスラエル兵が乗り込んできた。国境ではないはずだけど、並の国境越えよりはるかにこわい。一人一人のパスポートをチェックして顔と照合するだけなのだけれど、むきだしの銃口が気になって仕方ない。全員のチェックが終わって兵士がバスを降り、再び出発した時にようやく息ができた。まもなく到着したラマッラーの街は、先進的なビルが建つイスラエル側とは打って変わって、石造りの建物が立ち並ぶアラブ世界。「スターズ＆バックスカフェ」と書かれたカフェの看板がおかしくてつい笑った。パクりブランドはどこにでもあるものだ。

停電の中のおやつ作り

車で迎えにきてくれたのは、ナウラス母さんと夫、それから3人の天使のような子

なかなかいいレベルで模倣している

どもたち。3、7、10歳の3姉妹は「コンニチワ！」と覚えた日本語で迎えてくれた。「ごめんね、ぎゅうぎゅうで！」と言われながら、後部座席に身を滑り込ませた。

一家の家は、街を見下ろす丘の上にある。連日子どもとお絵描きしたり料理したりしていい時間を過ごしたのだが、一つ閉口したのは、しょっちゅう停電が起こること。「イスラエルが電力供給を止めるんだ」と言う。パレスチナは、国のようであって完全には国ではないという微妙な位置付けで、国際法上の領土を持ちながらもイスラエルに常に侵攻されている。電力供給も、その一部をイスラエルに依存しており、日常的に突然供給が止められるのだ。昼間だったら大して困らない。テレビが見られなければ「外に出かけよう！」と散歩に出ればいいし、過ごし方はいくらでもある。困るのが夜で、明かりもないし、真冬でうんと寒いし、薪ストーブの前に集ってろうそくの灯りで過ごすほかない。

空気は冷たいが散歩をするのも気持ちいい

薄暗い中、影絵遊びをしていたら、長女ディナがふと何か思いついた。「ねえお母さん、サハラブ作っていい？」。ナウラスは「また？」とやや呆れ顔で、毎日なのよと言いながらも用意を始めた。

台所のカウンターに並んだのは、牛乳、コーンスターチ、砂糖。小鍋に牛乳を入れ、砂糖とコーンスターチを加えて混ぜとかす。それをガス台にのせたら、ディナの出番だ。背伸びして鍋をのぞきこみながらスプーンでくるくる混ぜ続ける。甘いホットミルクかと味を想像しながら見守っていると、すこしとろっとしてきた。横からナウラス母さんの手が伸びてきて、バラの香りのするローズウォーターの瓶を開け、キャップに少しはかって投入する。「サハラブっていうんだけど、この子は本当にこれが好きで、毎日のように作りたがるの。いつも同じだと飽きるしオレンジの皮やローズウォーターで香りづけをするんだよ」と。なるほ

みんなの分を作る。母には手出しさせない

ど。香りの使い方に、中東を感じる。

とろっとしたそのホットミルクをカップに注ぎ、シナモンを散らして、最後に「クリスマスの残り物があったわ」と金のチョコ飾りを散らして完成。飲み物のようなデザートのような一杯が出来上がった。出来上がりを待っていたかのように電気がついた。

ストーブの前に戻り、スプーンで一口。ああ、あたたまる。なつかしいホットミルクのようでありながら、ローズウォーターとシナモンの香りがちょっと異国の香り。スプーンでちょっとずつ食べるのが楽しくて、とろみがあるから食べ応えがあるし冷めにくい。「ディナ、おいしいよありがとう」と伝えると、得意げな顔でにっこり笑った。

一家の生きる今

あれから5年経つが、ナウラス一家とは、その後もしば

出来上がり。金のチョコは特別！

しば連絡をとっている。翌年の冬は、ストーブを買ったから今年の冬は暖かく過ごせるんだという話を聞いて少しほっとした。4人目の子が生まれた後しばらくは疎遠になっていたが、久しぶりに連絡を取ると「障害がある子で最初は大変だったんだけど、これも個性ね」と力強く笑っていた。

2023年にパレスチナへのイスラエル侵攻が激化してからは、「子どもの学校に催涙弾が投げ込まれて、ディナはゴーグルで学校に行くって言うのよ」など、聞かなければよかったと思うニュースもあった。それでも子どもたちは元気に成長していて、先日はある料理の作り方を聞いたら、ディナがZoomでやってみせてくれた。彼女にもお母さんにも、いつも教えてもらってばかりだ。

No. 8

高原の国キルギス
ぴりりと辛いなす料理

姑の舌（キルギス）

なすの盛りの時期になってきた。スーパーで特別長いなすを見かけると、思い出す料理がある。キルギスで出会った、「姑の舌」だ。

「舌のように長くて、姑の言葉のようにぴりっと辛いからかな？」

そんな言葉が頭の中で蘇り、久しぶりに作ってみようと、なすをカゴに入れた。

日本人とキルギス人は兄弟？

姑の舌に出会ったのは、真夏のキルギスでのことだった。キルギスは、中央アジアにある高原の国だ。天山山脈に位置し、国土の約4割が標高3000m以上。農業と牧畜が主な産業で、標高の高い東部は牛や馬の遊牧が行われている。訪れた東部のまちカラコルも、標高1700mの高地に位置する。

言語はキルギス語だが、長らく旧ソ連の一部だったこともあり、文字はロシア語と同じキリル文字をあてている。完全に未知の土地と思っていたら、人々の顔つきが日本人とそっくりなのは驚いた。キルギスには「昔キルギス人と日本人は兄弟で、肉の好きな者は西に向かいキルギス人になり、魚の好きな者は東に向かい日本人となった」という伝説があるそうだ。

大家族の台所

「長旅で疲れたでしょう？」

なめらかな英語で迎えてくれたアイジャンさんは30歳くらいの細身の女性で、普段は首都ビシケクで働いているが、夏の間は、3歳になる息子を連れてカラコルの実家で過ごす。両親に歳の離れた弟妹たち3人、それから彼女の息子と、大所帯だ。

家族が多いと、手が多い。総動員されると、手のいる料理がはかどっていい。ある日の夕飯は、ペリメニを作った。ペリメニは、小粒の餃子をゆでたいわゆるスープ餃子。生地から作るし一つ一つが小さいのでうんと時間がかかるのだが、皆で包むと案外早いものだ。「この人数だと最低200個必要ね」というから気が遠くなったが、1時間ちょっとで包み終えた。

なすが舌に？

翌日は、午前中に出かけていて帰るのが昼過ぎになり、「さっとできるもので昼ごはんにしましょう」と言って昨日のペリメニの残り物を冷蔵庫から取り出し始めた。その横で「一品だけ作るね」とアイジャンの母が、何やら作業を始めた。なすを取り出し、「姑の舌」を作るという。「舌のように長くて、姑の言葉のようにぴりっと辛いからかな？」と母。くすっと笑ってしまった。「姑は口うるさく手厳しい存在」というのは日本でも昔からあるイメージで、嫁姑の関係をめぐる小話はたくさんあるが、キ

迎えにきてくれた車から。街中なのに、目前に迫る高山！

なすを揚げる。見慣れた長なすよりさらに長くて迫力がある

ルギスでも同じなのか。さすが西と東に分かれた兄弟だ。

さて、姑の舌はどんな料理なのか。作り始めてわかったのだが、これもまた手のいる料理だった。まず、なすを薄く均一な厚さに縦スライスする。こうやって切ると、なすって案外長いものだ。それを冷たい塩水に数分浸してアク抜きをした後、キッチンペーパーでおさえるようにして水分をとり、多めの油を引いたフライパンに投入する。じゅわっ！　といい音とともに油が飛ぶ。ひっくり返して裏も焼き、うすく色づいたら取り出して、バットに上げて油を切る。先程までしゃきっとしていたなすがやわらかくなってぺろんとし、いっそう舌っぽい。

母さんは次々となすを揚げていく。バットがいっぱいになると、揚げたなすは台所の隅のテーブルに運ばれていき、次はアイジャンと弟妹たちの仕事だ。それにしても、この子たちは本当に素直でよく働く。

マヨネーズに刻みにんにくをまぜたソースを「舌」の片面にぬり、厚切りのトマトを置き、くるりと包み込むように巻く。昨日のペリメニは生地を扱うからやや慣れるのに時間がかかったが、これはコツも何もないくらい簡単で、工作みたいに気楽で楽しい。次々と揚がるなすを、おしゃべりしながら包んでいく。「温かいうちに一つ食べ

一つ一つ包む。マヨネーズには刻みにんにくたっぷりが吉

息子くんも大好き。辛さをものともせずいい食べっぷり

てみて」と言われ、手を伸ばして一つ口に入れると、予想外の辛さにむせた。唐辛子のような燃える辛さではなく、生にんにくの鋭い辛さ。これが姑の言葉か！　油を吸った揚げなすは、甘くジューシー。ガツンとしたにんにくの風味、トマトの酸味、そしてマヨネーズのクリーミーさがあいまって、一口でいろんな味が楽しめる。姑のひと言は最初は鋭かったが、後からじわじわ楽しませてくれた。

皆に好かれる姑の舌

次々とできあがるのを皿に並べていき、皿がいっぱいになったら白ごまを散らす。シンプルな材料で、ものの30分ほどでできてしまったのに、おしゃれな前菜のようだ。名前のおもしろさだけではなく、味もみんなの好物。テーブルに運び、昨日のペリメニと一緒に食べ始めたら、あっという間に消えていった。

「キルギスは遊牧文化の国だから肉料理が多いんだけど、うちは野菜の料理もよく作るの。この料理はキルギス料理というより、ロシアを中心とした旧ソ連の国々に共通の料理なんだけど、家族みんなの好きな料理の一つなのよ」とアイジャン。みんなに歓迎される姑の舌なんて、まぬけなくらいいい話だ。

沖縄の天ぷらとインドネシア

日本に生まれ育ちながら、全然気づいていなかった。沖縄を通して、東南アジアと日本がつながっていることを。

「わざわざ沖縄？」

沖縄を訪れたのは、2022年6月のことだった。普段海外をフィールドにしていることもあり、正直「日本の南国」である沖縄には関心を向けていなかった。しかし沖縄で食や野草文化を探索した友人の話を聞き、俄然興味がわいたのだ。食材も、風習も、まるでアジアの国の話を聞いているかのよう。日本の中にも、全然知らない食文化があるようだ。日本に住むインドネシア人の友人タニアとお茶していた時に、たまたまその話をしたら、彼女も今なら沖縄に行きたいと言う。今まで興味を持ってこなかったのは、「だってバリ島と同じようなのに、バリよりも物価が高いでしょ？」と。しかし、状況は変わった。コロナや燃油高騰でバリ島に行きづらくなり、それならば沖縄に行ってみようとなり、4日間の旅を共にした。

沖縄で食事をする度、おやつを食べる度、「これインドネシアにもある」と言うタニア。そう言われたら、今度はインドネシアの台所が気になるではないか。その2ヶ月後に、彼女の帰省にあわせてインドネシアの台所を訪れ、沖縄とインドネシアの食のつながりに驚いた。

①

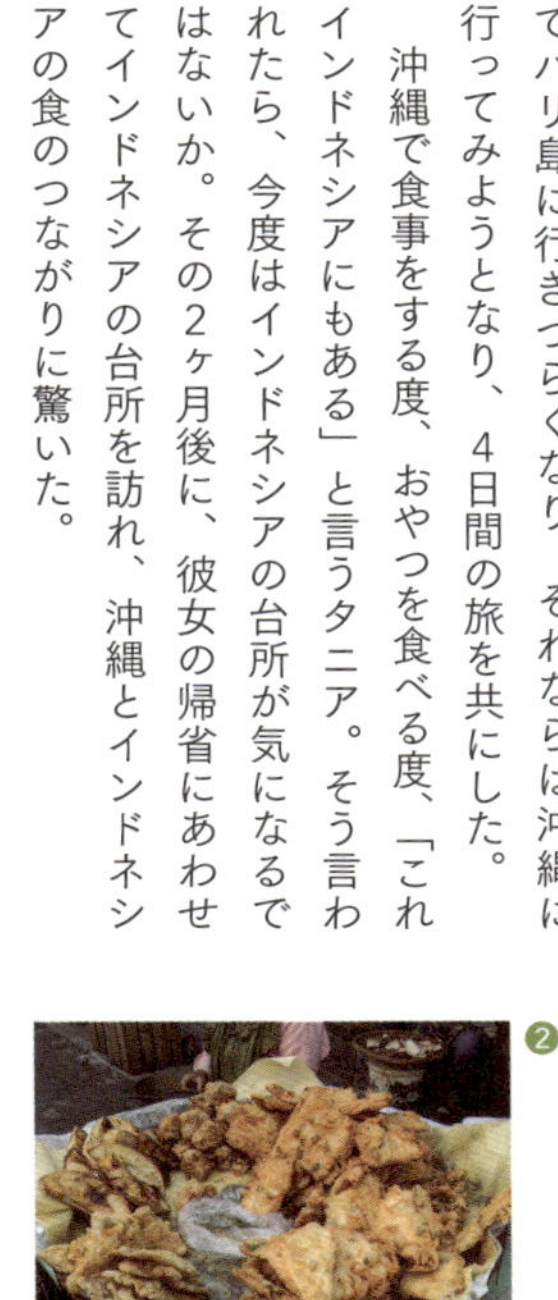

②

天ぷらとバクワン

沖縄で道の駅に停まる度びっくりしたのは、必ずと言っていいほど天ぷらに出合うこと。一見見慣れた天ぷらなのだが、食べるとこれがだいぶ違う。衣が多めでもっちりしており、食べ応え十分。衣にうっすら塩味が付いているようで、そのまま食べておいしい。おかずの一品にもなるけれど、おやつにも食べるのだと教えられた。私の子どもの頃の天ぷらの記憶といえば、山菜の時期かお盆に揚げる「大人のもの」。まったく魅力を感じていなかったので、おやつのように食べられる沖縄天ぷらはなんだかうらやましかった。タニアも気に入って、滞在中毎日のように買って食べた。

インドネシアの台所を訪れて、この天ぷらに再会した。バクワン（Bakwan）というのだけれど、衣たっぷりで沖縄の天ぷらそのもの。とうもろこしのバクワンは、教わる家ごとに、かき揚げスタイルから粒を半潰しの団子スタイルまで多様で、そのどれもおいしい。ある日はピーナッツソースをかけておかずの一品になったが、道端の屋台でも各種売られていて、おやつに買っていく人が絶えない。天ぷらは、おやつだったのだ。

島豆腐とタフ

沖縄料理に欠かせない食材の一つが、島豆腐だ。チャンプルーも汁物も、これがないと始まらない。製法が本州のものと異なり、手でつかめるくらいしっかり固くて味も濃い。町の商店で袋に入れてどんどんと山積みされている様子は、見慣れた豆腐売り場とは別物で、目に焼き付いた。

この光景を再び目にしたのが、インドネシアの市場だった。タフ（Tahu）という名前からも推察されるように、もとは中国から持ち込まれた食文化。袋に入り、レンガのように積まれたタフは、しっかり固い。崩れにくいので炒め物や揚げ物にも活躍する。食べると少し酸っぱいのは、にがりの代わりに酸で凝固させるからだが、それ以外は

③

④

製法まで含め島豆腐とそっくり。本州の絹ごし豆腐よりもよっぽど、島豆腐に近いではないか！

揚げたソーミンチャンプルー

沖縄で居酒屋に入った時。メニューを見たタニアは、「チャンプルーって、インドネシア語で混ぜるっていう意味だよ」と言う。そんな話をしたら、食べたくなるではないか。ゴーヤチャンプルーと迷って、ソーミンチャンプルーを頼んだ。あっさりした塩味で、思ったよりも野菜少なめだがおいしい。ふと「インドネシアに、ソーミンチャンプルーはあるの？」と聞くと、「そうめんを炒めた料理はないけど、揚げた料理はあるよ！　夫のお母さんがすごく上手なの」。かくして2ヶ月後に義母宅で教わったのは、ミソアゴレン（Misoa goreng）という料理だった。肉や野菜と麺を炒め煮するところまではソーミンチャンプルーとよく似ている。それを四角く固めて衣をつけて揚げると、ミソアゴレンになる。揚げただけでしょ？と思っていたが、揚げるおいしさをあなどってはならない。一家の人気のおやつで、食にこだわりのない息子（＝タニア夫）が唯一リクエストするのだと言う。ミソアは、漢字で麺線。中国文化の影響を受けたインドネシア料理だ。

海の道が結ぶ食文化

他にも、かき氷に揚げ菓子に肉料理に、例を挙げればきりがないが、とにかく想像以上に沖縄とインドネシアの食は共通点が多くあった。琉球王国は15世紀頃、アジア太平洋諸国の中継貿易の拠点として繁栄した。ジャワ（インドネシア）やシャム（タイ）などの国家とも海の上の道を通してつながり、食材や文化をたくさん交換したはずだ。

海の道を知った上で地図を見ると、日本は決して単独の島国ではなく、沖縄を通ってフィリピンやインドネシアなどとつながる群島の一部であることに初めて気づいた。

❶沖縄『道の駅許田』の天ぷら屋。店の中ぎっしり、全部天ぷら
❷インドネシアの街角、至るところにあるのが揚げ物屋
❸シンプルな塩味の味付けがそうめんに合うソーミンチャンプルー
❹ミソアゴレン。沖縄で食べたあれを揚げた、まかない料理なのでは？

世界の煮豆は甘くない

祖母の煮豆が、大好きだった。

長野の実家で一緒に住んでいたのだが、お正月の黒豆だけでなく、普段から食卓にはよく煮豆がのぼっていた。

私が一番好きだったのは、花豆。とにかく大粒で、噛むと甘ーい汁が口に広がるのだ。子どもの頃の私には、お饅頭のような食べ応え。おかずなのにおやつみたいで、特別にうれしかったのを覚えている。大人になってからも、一口で食べてしまうのはなんだかもったいなくて、かじっては断面を眺め、ちびちびと食べるのを楽しむようになった。

その次に好きなのは金時豆、祖母が一番よく煮てくれた豆のように思う。「シワシワになっちゃったよー」と悔しそうに言いながら出してくれる黒豆も、好きだった。

一方で、青大豆を出汁や醤油に浸した「ひたし豆」のおいしさがわかるようになったのは、もっと大人になってから。子どもの頃は、豆といったら甘いもの。とにかく甘い煮豆が好きだった。

そんな子どもの頃の経験からか、今もアジアの国々に行くと歓喜する。見慣れない煮豆が何種類も入ったパフェのようなデザートが、各国にあるのだ。甘い煮豆に加えて、甘く煮た栗や蓮の実、ナッツなども入っていたり。懐かしい感じなのにとびきり豪華なおやつが、うれしくて仕方ない。

❶

❷

甘い煮豆が何種類も一度に食べられるなんて！　ところが、世界の他の地域に行くと、「甘い豆なんてあり得ない」という顔をされることもあるのだ。「気持ち悪い」とストレートに言われることも。では、そんな彼らにとっての「煮豆」とは何なのだろうか。

キューバのフリホーレス

カリブ海の島国キューバは、今も食料配給制が取られている社会主義国家だ。野菜や果物などは市場で買うが、生活に必要な基本食材は、配給制で全国民に行き渡るようになっている。その品目は、豆、米、油や塩など。豆は一番最初に挙がるほど重要なものなのだ。

豆の種類は、黒いんげん豆。もちろん、デザート用ではない。やわらかくなるまで圧力鍋で煮てから、にんにくや玉ねぎや青唐辛子を炒めた油を加えたら、フリホーレス（直訳は豆）というスープのような一品に。ご飯にかけて食べる。本当に毎日のように食べるから、飽きないのかなあと思うのだが、好きな料理を尋ねても「フリホーレス！」と返事が返ってくる。飽きるとかそういうものではないようだ。

中東のフムス

近年、ヴィーガンブームで注目のひよこ豆。日本では時々サラダに使われるくらいで印象の薄い豆だが、中東地域では、日本の大豆や小豆に匹敵するくらい重要な豆だ。

ヨルダンの家庭に滞在していた時、毎日のように食卓に上っていたのが「フムス」というひよこ豆ペースト。見た目はピーナッツバターのように滑らかで、にんにくやクミンが効いてガツンとした風味。パンにつけて前菜のように食べる。「ご飯のお供」に対して「パンのお供」という言葉があるとしたら、まさにこのフムスのことだろう。

パンとも好相性なのだが、ひよこ豆コロッケ「ファラフェル」につけるのもまた、ゴールデンコ

3

4

ンビ。豆は、デザートではなく、前菜でありパンのお供なのだ。

ヨーロッパのレンズ豆

ヨーロッパの食卓で広く登場する豆といったら、レンズ豆。平たくて煮えるのが早いので、調理しやすい便利な豆だ。にんにくや玉ねぎを入れてシンプルな味つけで煮たものは、それ自体が主役になることも、肉料理などの付け合わせに使われることも。仕上げるかたさも好き好きで、くたくたにやわらかく煮るのが好きな人もいれば、私がオーストリアでお世話になった方のように「素材の味を楽しみたい」と、かために仕上げる人も。豆は、メインディッシュの食材なのだ。

世界の豆は甘くない

そんなわけで、アジアの外ではたいてい豆は甘くないものなのだ。それゆえ、海外の方に煮豆やあんこのお饅頭を紹介すると、気味悪がられることもしばしば。キューバでは「フリホーレスが甘いの？」と言われたし、日本に住む留学生は、「チョコパンだと思って食べると、いつも甘い豆のペーストでがっかりする」と言うし。

考えてみれば、私たちにとっての米も同じ話。米をミルクと砂糖で甘く煮たデザートは世界中で広く食べられているけれど、日本では苦手な人が多いもの。甘くないと思っているものが甘いと、その期待値のずれが「気味が悪い」になるのだろう。

そんな前提の違いを理解するようになって、大好きな煮豆やお饅頭も外国の方にうかつに勧めるのはやめた。もちろん最終的には個人によるので、大好きという人もいるけれど。

覚えておきたい。アジアの外では、「煮豆はしょっぱいもの」なのだ。

❶ ベトナムのチェー。甘く煮た豆や実がたっぷり
❷ キューバのフリホーレス。ご飯にかけるとカレーのような見た目
❸ ヨルダン家庭、朝食のフムス。近所の店から買ってくる
❹ オーストリア家庭のレンズ豆。かために仕上げて素材を楽しむ

Chapter 2

ヨーロッパのひと皿

EUROPE

No. 9

ヨーグルトの国の夏のスープ

タラトール（ブルガリア）

「ブルガリア」と聞いて、何を思い浮かべるだろうか。国の名前だけれど、この語を聞いてバルカン半島の地図を思い浮かべるのは、なかなか上級者。私は小中学校で子どもたちに向けて授業をすることもあるのだが、9割5分の子は「ヨーグルト！」と元気な返事をくれる。実はこれ、大人も大して変わらない。

それくらいブルガリアと言うと「ヨーグルト」のイメージが強い。しかし、考えてほしい。このイメージが出来上がったのは、紛れもなく「明治ブルガリアヨーグルト」という商品のためだ。日本生まれの商品によって「ブルガリア＝ヨーグルト」というイメージを持っているわけだが、いったいブルガリアの人たちは本当にヨーグルトをたくさん食べているのだろうか。

ブルガリアの台所探検に訪れた時に、ヨーグルト事情を調査してきた。

冷たいスープ「タラトール」

訪れたのは、夏まっ盛りの7月。ブルガリアの夏はなかなか暑い。内陸に位置するため、夏は暑く冬は寒いという年較差の大きい気候なのだ。ゆえに、夏と冬とで食べるものも大きく変わるという。「冬は煮込み料理や豆や肉をよく食べるけれど、この暑さでは到底食べたいと思わないでしょ」という。たしかにその通り。そんな夏の食卓に活躍するのが、冷たいヨーグルトスープ「タラトール」だった。

お世話になった家庭のお母さんの手は、慣れていた。ヨーグルトをボウルにあけ、きゅうりとくるみ、そして爽やかな香りのする香草ディルを刻んで入れる。水でのばし、つぶしにんにくを加え、レモン汁をきゅっとしぼる。火を使わず、ものの10分ほどで出来上がり。これとパンをテーブルに運べば、昼食になる。

ボウルから各自で器によそって、「いただきます！」。ヨーグルトの爽やかな酸味の中に、きゅうりやくるみの食感がいいアクセントになり、にんにくの風味がガツッと効いて、うだるような暑さの日にもするすると食べられてしまう。

そんなわけで、このタラトールは毎日のように食卓に登場した。ボウルいっぱい作って、昼にも夜にも食べた。

夕食には、小ぶりのロールキャベツのような軽めの肉料理が加わることも多かったが、そこにも肉料理をさっぱりさせるためにソースとしてヨーグルトが添えられている。あっちにもこっちにも、ヨーグルトだ。

スーパーに行くと、ヨーグルト売り場には400gサイズの大きなパックが壁一面に並んでいる。乳脂肪分も何通りかあり、牛乳以外にヤギ乳や水牛から作られているものもある。なんという豊富さ！一緒に買い物に行ったら、「料理に使うなら牛乳のが使いやすい、デザートに食べるなら脂肪分が高くてリッチな水牛のが好きだよ」と教えてくれた。

ボウルいっぱいのタラトールも、数日でなくなる

壁一面に並ぶヨーグルト。ヤギや水牛のミルクのものもある

どうも、ブルガリアの人は本当にヨーグルトを多く食べるようだ。それだけでなく、その使い方や種類の豊富さから、ヨーグルト文化の深さも窺える。

奥深いヨーグルト文化

では、一体どれくらい食べているのだろうか。さすがに日本人よりは、何割か多いのだろう。そう思って両国の統計資料を調べてみると、なんとその量は日本人の3倍。年間一人27kgほども消費していることになる。そういえば、乳製品というと、アジアやアフリカの国々よりヨーロッパのほうが食べている印象がある。実際、世界地図で生乳生産量の分布を見ると、多くはヨーロッパの国に集中している。乳牛は暑いと夏バテして乳量が減ってしまうので、アジアやアフリカよりも冷涼なヨーロッパのほうが、酪農に適しているのだ。ブルガリアのヨーグルト文化は、この土地の気候が育んだものということができそうだ。

しかし、気候だけでは説明がつかないことが出てきた。時代をさかのぼって生乳生産量の変化を見ると、じつは１９８９年頃には現在の約2倍あり、そこからの数年間で半減していたのだ。たった数年間で生産量がここまで大きく減るのは、「食生活の変

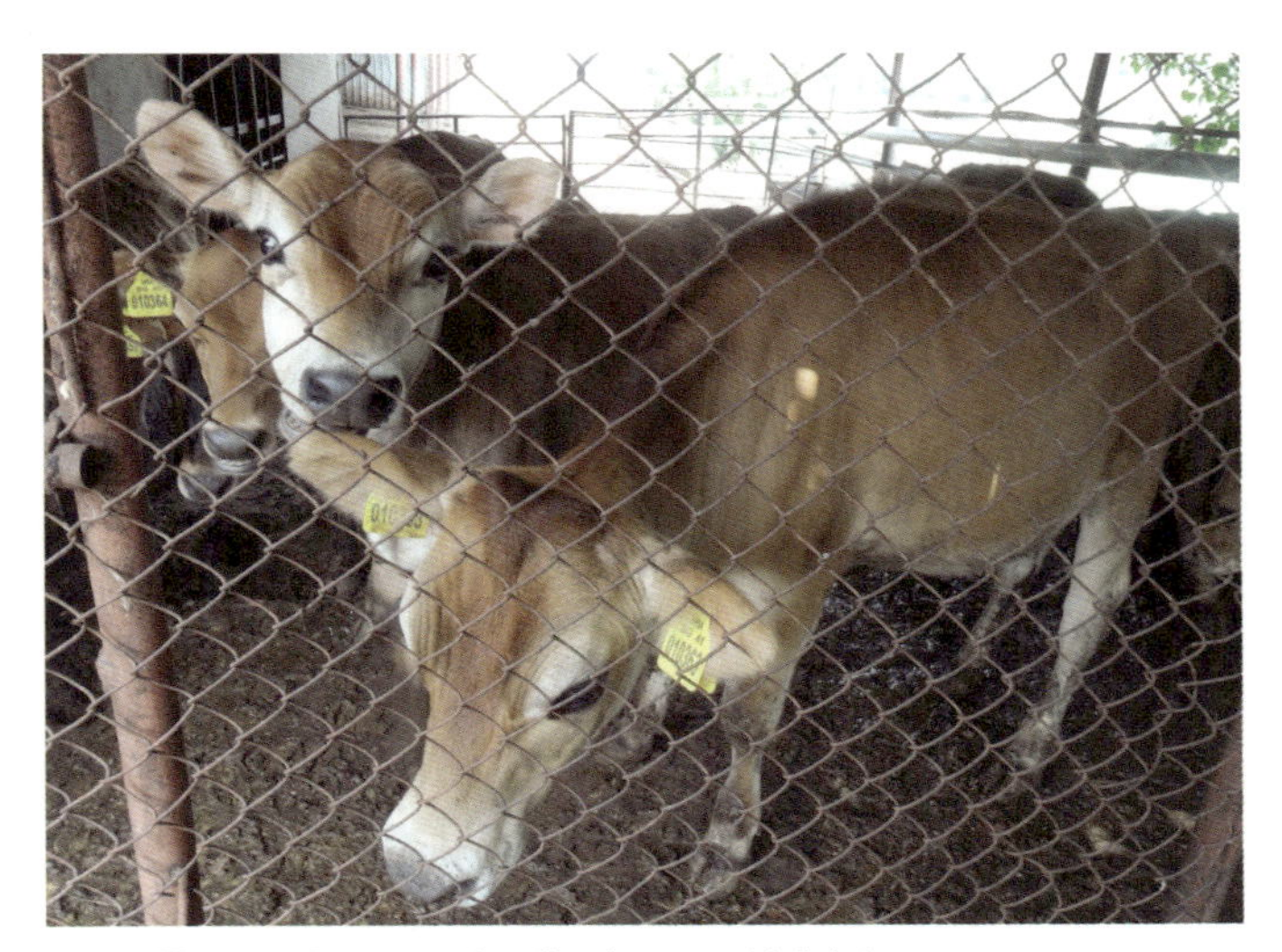

乳牛は夏バテに弱い。この牛の乳からはチーズも作られる

自家製ヨーグルトは格別、しかし作る人は少なくなっている

化」「気候の変化」と言うには急激すぎる。一体何が起こったのか。

調べていくと、そこにはソ連の影響下にあった社会主義政権と、その食料政策が関わっていた。政治が食を作っていたのだ。深入りするのはここでは控えるが、当たり前の風景となっている日常の食卓から、政治や歴史といった世界の大きな動きが見えるのは、どきっとするくらい面白い。

No. 10

家族をつなぐ真っ赤な保存食

リュテニツァ（ブルガリア）

パプリカの時期になると、思い出す光景がある。ブルガリアの田舎の、盛大に騒々しい台所だ。これまでに世界各地の家庭の台所を訪れてきたが、中でも特に記憶に残っているのだ。

ブルガリアと聞くと、ヨーグルトを想像される方が多いのではないかと思う。その期待通りヨーグルトは様々な料理に使われ毎日のように食卓にのぼるのだが、ヨーグ

ルトと並んで「ブルガリアの味」とも言えるのが、赤パプリカで作った「リュテニツァ」という真っ赤なペースト状の保存食だ。

野菜の甘みがスパイスで引き締まり、単体で完成した料理のよう。パンにたっぷりのせたり、そのまま前菜として食べたりする。かつては野菜が乏しい冬の時期の重要なビタミン源だったのだとか。

ブルガリアの人たちのリュテニツァにかける情熱はたいそうなもので、秋口になると田舎の家々ではリュテニツァ作りが行われ、自慢のひと瓶を取り出しては「うちのが一番！」と誰もが譲らない。ブルガリアの人々と過ごすうち、そんなリュテニツァへの情熱に私も巻き込まれ、リュテニツァ作りに参加させてもらうことになった。

2日がかりの大仕事

リュテニツァ作りに参加させてくれたのは、首都ソフィアから車で数時間ほどの村に住むスヴェトラさん母娘。都市にも仕事のために通いつつ、自然に囲まれた落ち着いたこの環境が好きでここで暮らしているのだという。

まずは、市場への買い出しから。手のひらからあふれるほどに長くて大きいパプリカがそこかしこに山積みになる中、行きつけのお店に直行してなんと20kg購入。ショッピングカートにぎゅうぎゅう詰めにして、さらに入り切らなかった分を買物袋に詰め、パプリカの重さによろよろしながら家に向かう。

そしてここからが大仕事。一つひとつヘタと種を取り、たらいに山盛りのパプリカを持って裏庭に行き、熱した鉄板に並べて焼いていく。

焼き場担当はお母さん。真っ黒焦げになるまでじっくり焼くと、青臭さがはちみつのような甘みに変わり、芳しい香りが漂いはじめる。

時折ひっくり返す以外、特にすることもない数時間。「すもものケーキを焼いてきたよ!」と近所に住む叔母さんが持ってきた手作りケーキを味わったり、パプリカに向かってぶつぶつ話しかけるお母さんの横に座って皮の弾ける音に耳を傾けたり……言葉を交わす必要もなく、ただただ並んで過ごすことができる時間が、なんとも贅沢に思えてくる。

焼いたパプリカは空の鍋に入れて蓋をし、一晩おいて蒸らす。翌朝、皮をむいてミンチにし、トマトやにんじんのミンチとあわせてスパイスを加えたら、大きな鍋で煮込む。鍋をかき混ぜるのは娘の仕事。かさが半分ほどになったら、瓶に詰めて完成。最後の瓶を詰め終わると、もう夕方だ。

手作りが生む喧嘩とおいしさ

出来上がったリュテニツァはもちろんおいしいのだが、それ以上に印象的だったのが、この渾身のリュテニツァを作る間、母娘が終始喧嘩をしていることだ。

トマトの酸味をやわらげるのに砂糖を少量加えるのだが、「砂糖はコーヒーカップ1杯」と娘スヴェトラが入れようとすると、「いやいやエスプレッソ用のコーヒーカップでしょう！」と母が反論。「煮込み時間は3時間くらいかな」と娘が言うと、「この量なら15分くらいだよ！」と母。レシピがあるのに、レシピを巡って口論が絶えない。そうした一つひとつの些細な（と私には思える）ことについて全力でぶつかり合い、でも最終的には2人並んでテーブルにつき、「今年もおいしいリュテニツァができたね」と誇らしげに笑い合うのだ。

おいしいものはいくらでも買うことができるし、わざわざ手作りしなくてもスーパーに行けばこれでもかというくらい既製品のリュテニツァが並んでいる。それでも手間と時間をかけて「わが家のリュテニツァ」にこだわるのは、「何が入っているのかがわ

パンにのせて食べるのが定番。塩気の強いフェタチーズと合う

パプリカが黒焦げになるまで、恐れず急がず焼くのがポイント

かる、安心でおいしいリュテニツァを作りたいから」だと2人は口をそろえる。その共通目標があるからこそ全力でぶつかれるし、協力なしには成し遂げられない2日間の作業を完遂することができるのだろう。

「わが家の味」に対する情熱が、素直に向き合いづらい人同士をつなぎ、暮らしの確かな手応えを生んでいる。一年に一度の家庭料理が持つ力を、2人の騒々しい台所で気付かされたのだ。

そんなリュテニツァを取り巻く時間が忘れられなくて、日本でも何度かリュテニツァを作るうち、料理人や農家さんとのご縁を得て商品化する機会をいただいた。日本の土地で育ったパプリカで作ると、これが面白いことに現地で教わった通りのレシピで作っても「日本の味」になるのだ。日本の野菜は、多雨の気候と生食文化からか、水気が多くて酸味が控えめ。リュテニツァは、まるでジャムかと思うほどに甘い仕上がりになった。

土地が変われば味変わる。作り手の手加減もまたひと味だ。こうして「わが家の味」が生まれていくのだろう。

騒々しく喧嘩し続ける母娘。よく2日間ネタが尽きないものだ

出来上がった瓶詰は、遠くに住む子どもたちの元にも送られる

No. 11

3日目からがおいしいクリスマス後の煮込み

ビゴス（ポーランド）

「ポーランドに来たからには、これを食べなきゃね。今日はビゴスを作ろう」。11年ぶりに再会した親友が教えてくれたのは、酸っぱい味が徐々に育っていく、冬の大鍋煮込み料理だった。

ポーランドは、東ヨーロッパに位置する内陸国だ。夏は暑くて冬はうんと寒い。わかってはいたけれど、11月の終わりの早朝に首都ワルシャワに降り立ったら、息が白

くて地面はうっすら雪化粧していて、歩いていると数分で手がかじかんで、「なんで来てしまったんだろう…」と後悔した。しかし、親友の顔を見たらそんな思いは吹き飛んだ。というのは申し訳ないけれど正しくなくて、家に向かうための電車に乗りこんだら半袖でいられるくらい暖かくて、迎えに来てくれた車も家の中も暖かくて、ああ大丈夫だとほっとしたのだ。

アグネシカとマツィックの2人は、私が11年前にウィーンに留学していた時の親友だ。当時から、おだやかで気遣いのあるいいカップルだったけれど、2人の子どもが生まれて4人家族になり、ますますいいママとパパになっていた。

「子どもがいると、なかなか時間がかかる料理はできないから、連日スープで…。母になるのがこんなに大変だなんて誰も教えてくれなかった！」と語るアグネシカ。でも今日はスープではなくビゴスを作るんだと言って、マツィックのお母さんを助っ人に呼んでビゴス作りを計画してくれた。

大鍋じゃなきゃいけない

「一番大きな鍋はどこ？」家に着いてキッチンに入るなり、お母さんは奥の棚から、ひ

用意されたビゴスの食材。肉類と塩漬けキャベツの量！

と抱えもあろうかという鍋を取り出した。

1kgのバケツに入ったせん切りの塩漬けキャベツ（ザワークラウト）が丸ごと鍋に入れられる。お母さんはちょっと迷ってから、もうひとバケツ投入。そんなに作っても食べきれないよ…と焦った私の心の中を読んだかのように、マツィックは「ビゴスは大鍋で作らなきゃいけないんだ」と教えてくれた。「塩漬けキャベツといろんな肉類を煮込む料理なんだけどね、煮込んだ初日は味がバラバラして酸っぱくて、まだ完成していない。2日目、3日目と味が馴染んでおいしくなっていって、1週間経っても平気で食べられるんだ」

カレーとか、おでんのようなものだろうか。塩漬けキャベツの酸味があり、毎日温め直すので、1週間程度では腐らないのだという。

お母さんが炒める横で、アグネシカと5歳の息子もお手伝い

ご馳走の片付け

塩漬けキャベツの鍋を火にかけた横で、玉ねぎのみじん切りを炒める。その横では、肉類を炒める。角切りにしたベーコン、豚肉、それからソーセージ。それらを全部鍋に加えて、干しきのこを戻したものやスパイスを入れて、蓋をして煮こむ。いろんな香りがたちのぼり、鼻が忙しい。

「どうして3種類の肉類を使うの?」と尋ねると、「そのほうが複雑な味になるからね。でも、たいていランダムな肉になる」という。ランダムな肉ってどういうこと?

「ビゴスは、クリスマスの後によく作るんだ。クリスマスの時期は連日、親戚同士で家を訪れ合い、ローストにハムにソーセージに、たくさんの肉料理が並ぶから、その後には食べ切れなかった分がけっこう残る。それらを何でも受け入れてくれるから、ビゴスは〝ご馳走の片付け〟にちょ

ビゴス完成！　酸味のある湯気が空腹を刺激して、たまらない

うど良いんだ」

なるほど、うまくできている。ビゴスはポーランドの代表的な料理で、英語ではHunter's Stew（ハンターの煮込み料理）と呼ばれるいかにも気合の入った料理だけれど、時を経て位置付けは変わってきているよう。この家では「ビゴスを作るぞ！」というよりも、「肉類がちょっとずついろいろ残っていて、塩漬けキャベツがあるから、ビゴスでも作ろうか」と作る類のもの。それでも相変わらずみんなの人気者だから、食の進化って面白い。

そんなおしゃべりをしているうちに、ビゴスが完成した。鍋の蓋を開けると酸っぱさとスパイスが混じった湯気がたちのぼり、急にお腹が減ってきた。器に盛って、熱さと戦いながら口に運ぶ。ああ、冬の味！　ソーセージやハムの塩気と脂みを、塩漬けキャベツの酸味がやわらげて、コクがありつつさっぱりしている。食べ進めるうち、体があた

マツィックはおかわり。子どもたちはパスタにのせて食べたがる

たかくなってきた。うまい。けれど確かに酸っぱい。「これが初日のビゴス。3日目くらいのを楽しみにしていてね」とアグネシカ。食後は大鍋を家の外のテラスに出す。「外は氷点下で、電気代のかからない冷蔵庫だから」と。

ポーランドのお節!?

日本の新年といえば、お節料理だろう。ポーランドでは新年を祝う料理は特にないそうだが、話を聞くうちにビゴスがお節料理に重なって見えてきた。クリスマスの後に作られる。作るのは手間がかかるが、一度作れば何日も食べられる。冬の時期にだけ作られる。ただし、一つ一つの食材に意味を与えるところは、お節料理にしかないけれど。

味も成り立ちもまったく異なるものだけれど、家族と過ごしゆっくりしたい時期の料理って、通ずるものがあるのかもしれない。

No. 12

ダイエットも一時休止 鹿の背中チョコケーキ

レーリュッケン（オーストリア）

意志の固いダイエッターも、年末年始はお休みするようだ。インターネット上でレシピ検索ができる「クックパッド」のレシピ検索データを分析すると、〝ダイエット〟というキーワードでレシピを探す人が年間で最も少なくなるのが、年末年始の時期らしい（※）。クリスマスにお正月にと人が集まる機会が続き、この時期にしか食べられないご馳走も盛りだくさん。普段は食べるのを控えていても、

この時ばかりは無理な話だ。クリスマスケーキを食べ、お節料理や正月料理を楽しみ、そして三が日が開けるとダイエット熱が再燃する様子。年間で最も〝ダイエット〟のレシピ検索が多くなるのが、1月5日頃らしい。人間、現金なものだ。

「鹿の背中」のチョコケーキ

そんなクリスマスのご馳走で思い出すのが、ウィーンのエリザベートおばあちゃんご自慢のチョコケーキ、レーリュッケンだ。

レーリュッケンをドイツ語で書くと、Rehrücken。Rehが鹿、Rückenが背中なので、「鹿の背中」という意味。ケーキにしては、奇妙な名前だ。

丸太を縦半分に割ったような型に生地を流して焼くのだが、表面に入れられた溝や凹凸がまるで鹿の背骨や肋骨のようで、鹿肉ステーキを模した形になるので、この名がついたと言われている。

このケーキの何がそんなに印象的だったかというと、これを作るおばあちゃんの手つきが清々しいほどに勢いがいいのだ。長さ30㎝もあろうかという型を出してきて、ばっさばっさと材料をボウルに入れていくのだが、私の計量したバターやチョコが1g

「鹿の背中」という名のケーキ。波打った形が肋骨のよう

でも足りないと「もっと！」と手が飛んでくるし、砂糖の量にびびって「もしもダイエット中の人がいたら、少し控えてもいいかな？」などと尋ねようものならば、「控えるくらいなら食べない方がマシ！　作らないでちょうだい！」とぴしゃっと言葉が飛んでくる。まったくもって、その通り。甘くないお汁粉は食べない方がマシだし、栗きんとんはたくさん食べられないくらい甘くなくちゃいけないと思う。

チョコレートスポンジの生地を焼いたら、しばらく休ませてから鹿の〝背骨〟にあたる溝に甘酸っぱい杏ジャムを入れて、チョコとバターを混ぜたコーティングを流しかけ、固まったところにアーモンド片を刺して完成だ。

受け継がれるおいしさの秘訣

ロールケーキのように端から切り分け、無糖のホイップ

料理好きおばあちゃんの台所は、道具豊富ながら整頓されている

クリームをこんもり添えていただきます。

一口食べて、軽やかなおいしさにびっくり。あんなにたくさんカロリーを投入したのに、濃厚でありつつふんわり軽いのだ。杏ジャムの酸味もアクセントになり、さらにホイップクリームも甘みをさっぱりさせてくれるので、ぺろっと一切れ食べ終わり、勧められるがままにおかわりに手が伸びてしまう。

そんな私の様子を眺めながらおばあちゃんは満足げな笑顔。「たっぷりのチョコとバターがおいしさの秘密よ」とにっこりする。

「このケーキは孫たちも大好物で、家族や親戚が集まるクリスマスなどには3本焼くんだよ。あの子はこのケーキしか食べないんだから！」と壁にかかったお孫さんの写真を指してうれしそうに言うのだ。たしかにこの軽やかなおいしさは、久しぶりに会う親戚たちと笑ったりおしゃべりし

あふれるほどたっぷりと、チョコで覆い尽くす

ているうちに、気づいたら皆で3本食べてしまいそうだ。思いっきり楽しい日の、妥協なくカロリーを投入した、抗うことのできないおいしさ。もうダイエットどころではない。

ところでこのレーリュッケン、なぜか鹿の背中などという奇妙なモチーフを模しているわけだが、もとは肉を買うことのできない貧しい家庭で、じゃがいもやパンを詰めて「鹿肉ステーキに模していた」という説がある。本当かどうかはわからないけれど、もしその人たちが生きていてエリザベートおばあちゃんのケーキ作りを見たら、「パンやイモどころか…チョコとバターをたっぷり流し込んでいる!」と気絶するほど驚いて、ふわふわで濃厚なケーキを丸ごと1本かぶりついてしまうんじゃないだろうか。

最後におばあちゃんが出してきて見せてくれたのが、ボロボロの手書きレシピ帳。結婚した頃からのレシピが綴ら

レーリュッケンのおいしさは、ボロボロのレシピが語っている

れていて、レーリュッケンのページはひときわ汚れている。エリザベートおばあちゃんが、そのおばあちゃんから引き継いだレシピで、もう100年も変わらず作り続けているのだという。1gも妥協することなく、時代に合わせることなく、「おいしいケーキを作りたい、家族の喜ぶ顔が見たい」という一心で作り継がれているケーキのおいしさの秘訣は、シンプルにして普遍的なものだった。

たまに贅沢する時は、我慢してはダメ。エリザベートおばあちゃんの教えを胸に、年末年始のご馳走シーズンは楽しみ倒そうと思う。

(※) レシピ検索データから見える　ハレからケへの移行期—正月からの反動を中心に—(食文化研究　No.15, 2019)

No. 13

北欧の夏 摘みたての森の味

ムスティッカピーラッカ（フィンランド）

夏のフィンランド台所探検は、森のベリー摘み抜きには語れない。家の台所以上に、森で過ごす時間の方が長かった気すらする。

フィンランドの料理って？

北欧に位置するフィンランドは、近年最も日本人の人気を集めている国のひとつと

言っていいだろう。ムーミンとサンタクロースの故郷であるだけでなく、サウナ文化やシンプルな家具雑貨、幸福度世界一、教育、社会福祉、女性閣僚…など、何かと素敵な話題が多い。あまりに憧れが膨らんで、「北欧はなんでも素晴らしい！」とちょっと前のパリみたいな状況になっている感すらある。

ところが、食の話題となるとさっぱり聞かないのだ。北欧料理って、ライ麦パンにサーモンをのせたもの？　くらいのイメージ。フィンランドの台所に行くことになったものの、正直、料理自体にどんな期待を持ったらいいのかよくわからなかった。わかっているのは「来るなら今の季節だよ！　日が長いし、暖かいし、夏休みだから」という、私にとっては当たり前のことを熱く語るフィンランド人の知人の言葉だけ。

家と庭と森がひとつづき

7月のはじめ、2ヶ月半に及ぶ長い夏休みの真っ只中に訪れたのは、首都ヘルシンキから電車で2時間ほどのまちヤムサに住むハコネン一家。妻カイエと夫ユホ、それに小学生の兄妹の4人暮らしだ。フィンランドは、日本と同じくらいの国土に人口はたった550万人ほどなので、まちの作りも家の作りもゆったりしている。平屋の一

庭は森への入り口のよう。物置にはアウトドア用品がぎっしり

軒家で、芝生の庭つき。庭にはBBQグリルにツリーハウスに家庭菜園にトランポリンもあり、そのまま森につながっている。国土の約7割は森林というけれど、家のすぐそばに森林があって、驚いた。

着いたのはちょうど昼どき。「お昼ご飯にしましょう」というカイエについて庭に出ると、ユホはすでにBBQグリルで野菜と肉を焼き始めていた。塩とオリーブオイルで焼いただけの野菜も、風に吹かれながら食べるとごちそうだ。食後にカイエが出してきたのは、ボウルいっぱいのいちご。昨日摘んできたのだという。今まで食べたどんないちごよりも、香りが良くてぎゅっと甘い。「スーパーで買うこともできるけれど、自分で農園に行って摘んでくるのが一番。新鮮で完熟でおいしいんだよ」と言う。「ベリーは今の時期だけのものだから、食べられる時に思いっきり楽しまなきゃ」と言いながら、飲むような速度でヘタをとって次々

夢のようないちごの山。子どもたちはアイスと食べるのが好き

と口に放り込んでいく。なんという贅沢な楽しみだ。

森へベリーを摘みに

ベリーは農園で育ついちごだけではない。お昼ご飯の後、子どもたちとトランポリンで跳ねて遊んでいたら、「森にベリーを摘みに行かない？」とカイエから素敵なお誘いが。「まだ少し早いかもしれないけれど、ムスティッカ（ブルーベリー）が出てきているかも」と言う。森にベリー摘みだなんて！　私が知っている故郷長野の森は、山菜とキノコはとれるけれど、ベリーがとれるという話は聞いたことがない。歩いていて道端にベリーがあるのだろうか？　想像がつかないけれど、返事はイエスと決まっている。2分で支度をして、家を飛び出した。

森は、家のすぐそばにある。この国は「自然享受権」が保証されていて、土地の所有者によらず誰もが森に入って

足元を覆い尽くす茂みは、すべてブルーベリーだった!

ベリーやキノコをとってよい。白樺の林の中を、ふかふかのクッションのような地面を踏みしめながら歩いていくと…あった! ブルーベリーだ! 市販のものよりひとまわり小さくて形もまん丸だ。正確にはビルベリーというそうだが、味は似ているしブルーベリーの弟のようなものだ。見渡す限り、絨毯のように広がっている。探さなくても至る所にベリーがあるなんて! 歩きながら食べ、食べながら集め、無心になって摘み集める。散り散りになって、風や草の音を感じながら摘むこと小一時間。バケツを満たし、すかっとした気持ちで家に帰った。「まだ少し時期が早かったけれど、あと1週間もすればもっともっと完熟した実が増えてくる。そうしたらまたやってきてたくさん摘んで、冬のために冷凍するんだよ」と教えてくれた。私には、今日のだって驚くほど大量だったのだけれど。

パイ作りは8歳の娘リビアが指揮をとった。美しい焼き上がり

ベリーのパイは夏の楽しみ

帰宅するなり、「ムスティッカピーラッカを焼こうか」と、カイエからまた素敵な提案が。このムスティッカ（ブルーベリー）で、ピーラッカ（パイ）を焼くのだ！　いそいそと台所に向かい、粉と卵、その他の材料を混ぜて型に流し、とってきたばかりのベリーをたっぷりのせて、オーブンへ。夕飯を食べ終わる頃、ちょうど焼き上がった。

爽やかなベリーの酸味と、果汁が少し染みたパイの優しい甘さ。この時期だけの森のデザートを口いっぱいに頬張る。素朴な家庭的なレシピだけれど、だからこそ心地よい。これだけ経済的に豊かになった社会で、こうして森の恵みを自らの手で食に換える営みができるのは、力強くてなんだか羨ましい。庭のデッキで風に吹かれながら食べたら、これ以上求めることはないと思えるほど満たされた。

No.14

フィンランドの郷愁ライ麦のパイ

カルヤランピーラッカ（フィンランド）

あのかわいらしい形のパイをはじめて知ったのは、レシピ本だっただろうか。とにかく特徴のある形で、ずっと目に焼き付いていた。

ライ麦粉でできた生地は、温かみのあるグレーがかった茶色で、まわりはおひさまのようなひだで囲まれている。名前は「カルヤランピーラッカ」。なんてかわいい響きなんだ。しかし東京で出会える機会はさっぱりなくて、どこの国のものかという記

憶も曖昧なまま、いつか会いたいという思いとともに心の引き出しにしまわれていた。そんなずっと片思いだった彼女に、フィンランドで出会った。

わが家で一番大事な料理

フィンランド東部の湖地帯、ヴェフメルサルミの家庭を訪れた。3人の子どもを持つお母さんキルスィは、観光ガイドをする傍ら、この地域の伝統料理への興味が膨らみ大学院に通い始めた。私が世界の台所探検の話をすると、「わが家で一番大事な料理を、一緒に作りましょう」と提案してくれた。写真を見て、記憶の引き出しがパッと開いた。あのかわいいパイのことではないか！

翌朝そわそわしながら起きると、キルスィはもう台所に立っている。「パイに詰める米のミルク粥は時間がかかるから、支度を始めたところだよ」。鍋を覗き込むと、たっぷりの牛乳に米粒が泳いでいる。朝食を食べている間も、時々かき混ぜて煮詰めていくと、そのうちプリンのような粘度に仕上がった。つまみ食いすると、砂糖を入れていないのに牛乳の甘みがぎゅっと濃縮されて甘い。もうこれだけで十分というくらい素朴においしい。

庭では夫がサウナ小屋のデッキをセルフビルド中

朝食を終えて、生地作りに取り掛かる。3人きょうだいの末っ子、中学3年生のスィリも加わった。ライ麦粉と小麦粉を混ぜて、塩と少しのバターを加え、そこに水を注いでこねていくのだが、これがとにかくベタベタして、扱いにくい。「ライ麦粉はグルテンができないから、小麦粉よりもずっと難しい。でもね、フィンランド人の暮らしは、ライ麦なくしてありえなかったの。寒くて野菜は育たないし、小麦ですら収穫が安定しない。そんな中で生活を成り立たせるのは、牛から得られるミルクと、やせた寒い土地にも育つライ麦。昔はライ麦パンで命をつないでいたんだよ」

そう言いながら、生地を薄く伸ばしていく。そこに米のミルク粥をのせたら、ここが見せ場。両脇の生地を人差し指でたぐり寄せるようにして、あの特徴的なひだを作っていく。私のはツンツンとがっているし不格好だ。一方キルスィもスィリも、流れるような速さと正確さで均一なひだ

やわらかく波のようなひだができていくのが美しい

を作っていく。なんと言っても彼女たちはキャリアが違う。今日は50個だけれど、クリスマスや誕生日には100個以上は作るという。「去年うちの子と従兄弟の子の卒業を一緒に祝った時は、300個作ったの。家族や親戚の集まりで、カルヤランピーラッカがないなんて考えられない！」300個……不格好な一つを天板に置きながら、その工場のような規模を想像してため息が出た。
　天板が半分くらい埋まってきた頃、キルスィはオーブンのスイッチを入れて予熱を開始した。ダイヤルをまわしながらも、「本当は石の窯で焼くのが最高なんだよね」とちょっと悔しそうだ。「カルヤランピーラッカの時期は、クリスマス。家の暖房のために石の窯を温めてあるから、ライ麦パンもカルヤランピーラッカも、そこで焼くの。パリッと焼けて香ばしくて、電気オーブンで焼くのとは別物だよ」。暖房とオーブンが一体とは、まさに北国の暮らしの

週末にはよく親戚で集う。作るのも皆動員されるのだとか

一部になった料理なのだ。

カレリア地方の記憶の味

15分ほどすると、いい香りがしてくる。こんがりと色づいたら焼き上がりだ。「一つだけ食べてもいい?」と尋ねると、「オーブンから出したばかりが一番おいしいんだよ」というありがたいお言葉。焼きたてにかぶりつくと…パリッとした生地を破る快感、ライ麦の香りとミルク粥の甘み、噛むほどにその味が広がり、たまらない。

もう一つと手を伸ばしたくなるのを我慢して、残りは少し冷めたところで溶かしバターを塗って休ませ、食卓に運ぶ。テーブルに並ぶや否や、次々と手が伸びて消えていくカルヤランピーラッカ。用意した卵バター(ゆで卵を刻んでバターとまぜたもの)だけでなく、ハムをのせたりバターを塗ったりと、各々の食べ方で楽しんでいる。これで親戚

木の葉か真珠貝か餃子か。想像の広がる形だ

一同集まったら数百個も平気で無くなるだろう。

しかし、このカルヤランピーラッカがそれだけ大事な理由は、おいしいからだけではなかった。「私の父はカレリア地方で生まれ育った。フィンランドの東にあって、すごく美しくて、フィンランド人が心の故郷と思っている土地なの。おいしい料理も手工芸も、全部カレリア地方にあった。でも、その土地はロシアに取られてしまった。今は行けないけれど、私たちのルーツがある大事な土地なんだよ」

そう語るキルスィに、返す言葉が見つからなかった。カルヤランピーラッカは、英語にするとカレリアパイだ。こんなかわいらしいパイの向こうに、そんな切ない記憶があったとは。カレリア地方に対する思いや、そこから敷衍(ふえん)して現在起こっているウクライナ侵攻への不安を聞くにつけ、このライ麦でできた個性的なパイが一際愛おしく思えてくるのだった。

No. 15

北極圏先住民族の今風なトナカイ料理

トナカイの心臓パスタ（ノルウェー）

トナカイは、サンタのそりをひくかわいい動物だ。そのトナカイの、しかも心臓を、クリスマス前の北極圏で食べることになろうとは思わなかった。

真冬の北極圏へ

2023年12月、私は北極圏の家庭の台所にいた。実は極度な寒がりで、冬に寒い

土地に行くことは徹底的に避けてきた。しかし、「食の知恵は厳しい環境のもとにこそあるものだ」と考え始めたら、行かざるを得なくなってしまった。そこで真冬の北極圏に、先住民族サーミの家庭を目指して向かうことにした。

サーミとは欧州連合（EU）で唯一の先住民族で、主に北欧の北極圏に住む。私が訪れたノルウェーのカラショークは北緯69度の村で、人口のほとんどがサーミ人。自然を崇拝し、トナカイ放牧や漁労などで生計を立ててきた人々で、今もトナカイ放牧はサーミだけに限られた権利となっている。訪れた家も、トナカイ放牧を営む。「うちでは肉といえばトナカイね。特に冬はもっぱらトナカイ肉」。到着するなり母さんに言われ、驚きと期待で胸が高鳴った。どんな味なんだろう。

トナカイ心臓と料理の知恵

この家族の生活はトナカイを中心に回る。父さんは朝7時に起きるとすぐにトナカイたちのいる森に向かい、極寒の日は子どもにもトナカイ皮のブーツを履かせる。普段は動きやすい化学繊維のブーツでも、暖かさにかけてトナカイ皮をしのぐものはないのだそうだ。

家の前でソリ遊び。薄明るい3時間ほどの間に必死に遊ぶ

ある日の夕飯。母さんが冷凍庫から、ひときわ深い真紅の肉の真空パックを取り出した。「トナカイの心臓って食べたことある?」トナカイ肉自体食べたことないのに、心臓とは! トナカイ肉の中でも心臓は、一頭に対して一つしかない希少なものだ。それを燻製して真空パックして冷凍しておいたのが、いま彼女の手の中にある真紅の塊だ。

どうやって食べるんだろう。伝統的な食べ方ならば、栄養素を流出させない煮込みだろうか、それともシンプルに直火炙りだろうか。そんなことを考えていたら、母さんはパスタの乾麺を取り出した。「トナカイの心臓のクリームパスタは、速いしおいしいし、子どもも大好物なの」。なんと、パスタか!

そこからの作業は速かった。トナカイの心臓をスライスする。弾力があって、切るのにちょっと力がいる。それをフライパンで炒め、少しだけ火が通ったところで冷凍ミッ

冷凍ミックスベジタブル。店には他にも多様な種類が並ぶ

クスベジタブルを投入。パースニップ、根セロリ、にんじんなど寒冷地域の根菜がサイコロ状にカットされたものだ。「うちでは冷凍野菜をよく使うの。生ゴミが出ないし、遠くの国から輸入した生野菜より無駄がないし理にかなっていると思うの」と母。たしかにその通り。一年の大半大地が凍っているこの土地では、野菜を育てることも生ゴミを分解することも難しい。冷凍野菜は、現代の輸送と保存技術が生んだ新たなローカル食材といえよう。

最後にクリームを加え、塩と胡椒で味を調えてソースは完成。寸胴でゆでたパスタに絡め、寸胴ごとテーブルに運んで夕飯となった。

クリームパスタの味は…

3人の子どもたちが寄ってきた。トナカイ仕事から帰ってきた父さんも食卓につく。みんなが皿にとった後、私も

「燻製は半分火が通っているから、炒めすぎないようにね!」と

ドキドキしながら自分の皿にとる。一口食べると、燻製の力強い香りとともに、想像以上にあっさりした肉の味わいが口に広がった。なんて食べやすいんだ。心臓といえばハツだけれど、焼肉屋のハツよりもずっとさっぱりしていて、森の草の味すら感じる気がする。燻製の香りも、クリームで包まれてちょうど良い。その状態で十分においしいのだけれど、家族のまねをしてリンゴンベリージャムをたっぷりあえて真っ赤になった麺を口に入れたら、酸味と甘味と肉味とクリーミーさとすべてあわさって、もう止まらない。

私は初めて食べるトナカイに夢中になっていたが、子どもたちの皿に目をやると、肉は端に寄せられて、ベリーを絡めた甘いパスタの麺ばかりおかわりしている。トナカイ心臓がきらいなのかと思ったが、そうではなくひたすらパスタが好きなようだ。父さんはパスタも食べるけれどトナカイ心臓は特別。子どもが皿に残した心臓を大事そうに

寸胴から各自盛る。みんな何度も手を伸ばすので私も3回おかわり

キッチンカウンターに置き、夜食にパンにのせて食べていた。

サーミの今

先住民族といっても、今やテントに住んで移動式の生活を送るサーミはほとんどいない。トナカイ放牧に携わる人は約10％に過ぎず、まちに定住し会社に勤め、他のノルウェー人と変わらない生活を送る人も多い。この家族も父の仕事はトナカイ放牧だが、母は観光業に就き、セントラルヒーティングであたためられた家に住み、子どもは学校に通い、将来トナカイ業を継ぐかは「子ども次第」と言う。この社会では、何がサーミをサーミたらしめているのかという問いがしばしば繰り返される。

レシピもあまり残されないほどシンプルだったサーミの料理も変化している。トナカイ心臓と冷凍野菜を使ったクリームパスタは、今を生きるサーミそのものだった。

No. 16

年に一度の勢揃い アイスランドの伝統珍味

ソラマトゥル（アイスランド）

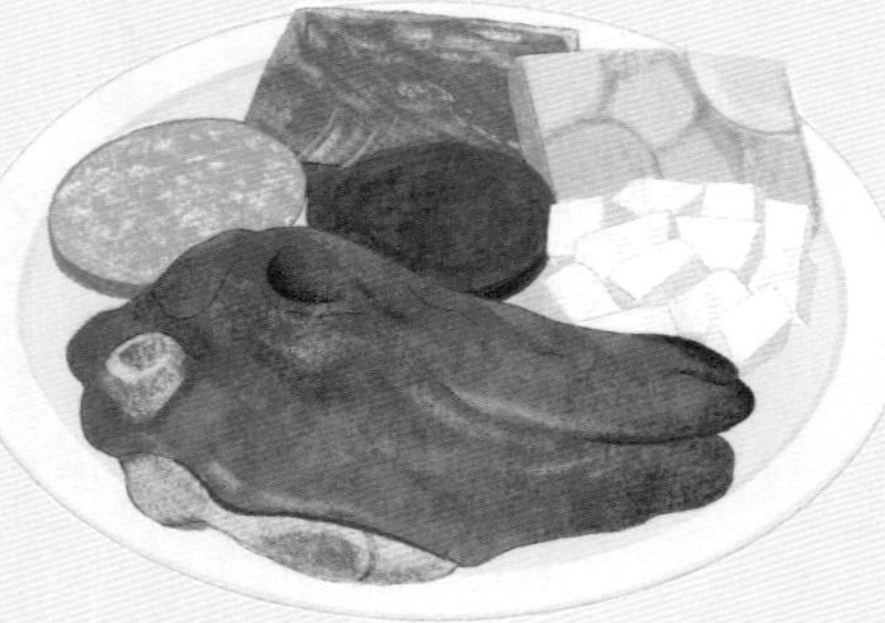

テーブルの上にどんと置かれた、白い蓋つきのポリバケツ。これが今日のディナーだ。

羊の頭の丸ゆで、羊の睾丸のホエイ漬け、アンモニア臭のする熟成サメ肉。字面もインパクトがあるが、見た目もなかなか。現代アイスランドでは、この時期にだけ食べる伝統食だ。

氷の国アイスランド？

アイスランド。名前を聞いても「寒そう」ということくらいしかわからなかったのだけれど、実はそれすらもあまり正しくなかった。地図では北極圏にかかるほど北に位置するが、付近を流れる暖流のおかげで冬は案外穏やか。私が訪れたのは1月だったが、着いたら雪ではなく雨が降ってきて驚いた。北にある〝氷の国〟というイメージは裏切られた。

しかし、氷のように冷徹な顔も持つ。車で街を離れると、木の生えていない禿げた大平原が広がっている。運転席の父さんは「これが僕にとって安らぐ大自然の景色。遠くまで見渡せる自由がないと」と言うけれど、あまりに茫漠として私には怖かった。

夏の日照が短くて涼しいため、野菜も穀物も生育が難しい。パンの原料となる小麦やライ麦も輸入に頼らなければいけない。伝統料理はというと、やはりそんな環境を反映して、野菜や穀類は乏しく動物性食品が中心。数十年前までの日常食はもっぱら、羊肉、周りの海でとれる魚、それから乳製品だったという。60代の方などに話を聞くと、「子どもの頃は、食事といえば週に3日はゆでハドック（鱈の仲間）にゆでじゃが

遮るものが何もなく、ずっと向こうまで見渡せる

いもだった」と口を揃える。

ソラマトゥルの食卓

ソラマトゥルとは、旧暦でソーリの時期(今の1~2月)に催される食卓で、伝統食一式が並ぶ。私は幸運にも滞在最終日の夜にご一緒させてもらったのだが、特別なディナーを共にすべく、親戚たちもやってきた。

支度開始。スーパーで買ってきた白いバケツの蓋を開けると、白濁した液体に満たされている。主催者であるグレイヘアの母さんが、フォークで刺して一つ一つ取り出す。

「この赤黒いのは血のソーセージ、灰色のはレバーソーセージ。ゼリー状のは羊の頭の寄せ物、まっ白いのは羊の睾丸ね。昔は本当に食べるものがないから羊のあらゆる部位を加工して、保存のためにホエイに漬けたの」

私にとっては初めて見るものばかり。どれもちょっと黒

中を満たす濁った液体はホエイ。顔を近づけると酸味が鼻を刺す

ずんで貫禄があるが、話を聞きながら見ると、単なる迫力ではなく説得力がある。保存といえば塩漬けが一般的だが、薪が乏しいため精塩ができず、塩のかわりに乳製品加工の副産物で豊富にあるホエイが使われたのだという。

次に冷蔵庫から出てきたのは、ゆでた羊の頭の半割り。真空パックに入っていて、これも買ってきたものだ。それから、干し鱈、羊脚肉の燻製、カブのマッシュなどを次々と皿に載せる。熟成サメ肉は匂いが強いので蓋つき容器のままテーブルへ。平たくて薄いトルティーヤのようなパンを切りながら母さんは、「この国は穀物も薪も乏しいから、窯で焼く膨らんだパンなんてなかった」と教えてくれた。

すべてがテーブルに並んだら、ディナーの開始だ。バケツから出てきた臓物加工品に手を伸ばすと、一つ一つ元は味が違うはずだが、ホエイの酸味がうんと強いため全部酸っぱい。羊の睾丸はどんな味がするのだろうと興奮して

「見て！　しゃべってるよ」と遊びながら初めて羊をカットする青年

いたが、酸っぱい何かだった。熟成サメ肉はハウカルといい、味は噛むほどにチーズのようなうまみが出てわるくないものの、とにかく鼻から抜けるアンモニア臭がきつい。

新しい伝統行事

ディナーを終えて空港に向かいながら、考えた。食べること、生きることって本当に大変なことだったのだ。年長者の話を聞くと、たった数十年前でも食べるものは苦しく、今日のような食事がいかに生を支えてきたか身に染みる。

実はこの伝統食を食べる行事、昔から行われていたものではなく、結構新しい。ソーリの時期の祭りは昔からあったが、伝統料理一式が並ぶ様式がうまれたのは1950年代のこと。一つのレストランが提供したのがはじまりで、普段は食べる機会もなくなってきた伝統食を食べる「新たな伝統行事」として定着したのだという。

手前はホエイ漬け、奥は子どもたちのため同じもので漬けていない

白いバケツは、この時期以外売られてもいないそう。無理もない。アイスランドは今は世界有数の豊かな国で、世界中のおいしいものが手に入る。手軽で保存のきく冷凍ピザや、そのままでおいしい冷蔵のハムやソーセージがあるのに、保存のために酸っぱくなった加工肉を選ぶ理由はない。放っておいたら消滅する、「昔の食べ物」かもしれない。食は変化し続けるものだし、より豊かな選択ができるようになったならばそれでいいと思う。でもそれを食べて生きてきた時代の話を知る機会があるのは、わるくない。親や祖父母の話を聞きながら、一年に一度ならば、よいものだ。

いい時間だった。ただ一つだけ後悔したのは、その後深夜フライトで帰国することを忘れて食べ過ぎたことだ。脂肪多めの肉は胃に重く、ハウカルは日本に着くまでずっとうっすらアンモニア臭が漂って鼻についた。生きるために食べるって、大変なことだ。

世界のにんにく話あれこれ

にんにくは、とかく話題豊富な野菜だ。世界の家庭を訪れていて、しょっちゅう面白い話に出合う。

スペイン語で「アホ」

まずは、スペインの「ソパ・デ・アホ」。ソパはスープ、アホはにんにくなので、「ソパ・デ・アホ」はそのまま「にんにくスープ」という意味だ。肉とじゃがいもで「肉じゃが」というのと同じくらい何のひねりも飾り気もない名前なのだけれど、これが日本の小学生の耳に入ると一大事件になる。

「アホだってー！　アホ！」

小学5年生と、異文化理解の授業の一環としてこの料理を作った時のこと。もう名前を発表するなりはしゃいではしゃいで仕方ない。

作り方は、大量のにんにくと生ハムを油で炒めて、パプリカパウダーを振って赤く染まったところに硬くなったパンを投入し、湯を注いで卵を落としてスープにするというもの。パンをスープの具材にするというのもなかなか面白い体験で、子どもたちは騒ぎながらきれいに食べ尽くしていた。

コロナで僧も食べる？

ベトナムの寺では、にんにくの姿はないけれどにんにくの話だけ聞いた。

仏教の中でも、ベトナムはじめ東アジアで信仰

されている大乗仏教は、にんにくや玉ねぎといった香りの強い野菜（五葷）を禁止していることが多い。気持ちを掻き立てて攻撃的になるからとか、修行の妨げになるからというのがその理由だ。

余談だが、禁止と言っても国や地域によってその度合いには差があり、台湾では仏教徒の食＝五葷抜きと聞いていたが、ベトナムは僧侶以外の一般仏教徒は問題ないということだった。一つの宗教とひとくくりにできないものだ。

話を戻して、ベトナムの寺。

ここの僧はにんにくを食べないが、これがコロナ禍で変わったというのだ。「にんにくはコロナに効く」という噂は世界各地で流れていたが、ベトナムでもにんにくを生で食べるのが流行った。僧の存在は尊いものなので、その命は本人だけでなく仏教徒にとっても大切だ。にんにくは宗教で戒められているけれど、それで命を守れるならば摂ってもよいのではないか。そんな理屈で、にんにくを食べることが認められたのだという。宗教の線引きをも変えるにんにく、恐るべし。

なお、にんにくがコロナに効くという話の理屈も科学的証明も、私はまだ見つけていない。

悪魔の糞が代用品

インドのジャイナ教でも、にんにくは禁食だ。ジャイナ教は、インド人口の0・4％程度しかいない小さな宗教で、殺生を徹底的にきらう。気持ちを掻き立て攻撃的にするにんにくは禁食だ。

玉ねぎも然り。しかしこれらは野菜中心のインド料理を底上げしてくれる重要なうまみで、なしで作ると軽くてやさしい味になる。それはそれでおいしいけれど、やや物足りない。

そんなジャイナ教家庭の台所でよく使われていたのが、ヒングというスパイス。強烈な臭気をもつため「悪魔の糞」とも言われるが、炒めるとにんにくや玉ねぎのようなうまみで料理をおいしくしてくれる。これをあらゆる料理に入れるのだ。

調べると、ヒングにはにんにくや玉ねぎに含ま

れる硫化アリルと同じか近い成分が含まれ、昔からインド菜食家庭ではにんにくや玉ねぎの代用品として使われてきたらしい。そうなると、にんにくがだめなのに同じ成分を含むヒングを食べていいのかと気になって仕方ないけれど、そんなことはさておき、にんにくのうまみを求める人間の執着はすごいものだ。

にんにく尽くしの日々にて

この原稿を書いている今、私は中央アジアはキルギス共和国の村にいる。庭の菜園にはいちごの隣ににんにくが育っている(すごい組み合わせだ)。

今日の昼食は「ラグマン」、いわゆるうどん。そこにかける煮込みは、肉やトマトや玉ねぎやセロリと共にたっぷりのにんにくの芽を炒め煮にしたものだ。調味料は塩と胡椒程度なのだが、肉のうまみとにんにくの芽の食欲をそそる風味でとんでもなくおいしいソースになる。

にんじんのサラダには生にんにくのすりおろし、「ディムラマ」という野菜の炒め煮には丸ごとのにんにくが入る。なんだかにんにく尽くしだ。

世界中に普及する調味料

しかし、別に中央アジアやキルギスだけがにんにくを頻用しているのではない。よく考えてみると自分の日々の料理もしょっちゅうにんにくを使っているし、中東では生にんにくがあらゆる料理に使われていて戸惑うことがある。量や使い方の違いこそあれ、にんにくは塩と胡椒と同じくらい世界中に普及している調味料と言えるのではなかろうか(ただし宗教禁忌の文脈を除いて)。

にんにくは、うまいのである。

❶ 小学生が作ったソパ・デ・アホ。地元産のにんにく入り
❷ ベトナムの寺の料理はにんにくなし。きのこなどで味の深みを出す
❸ 左奥がヒング。においが強いので蓋付きの小瓶に入れて保存する
❹ にんにくの芽たっぷりのラグマン。さらに後ろのニラ玉をかける

Chapter 3

中南米のひと皿

LATIN AMERICA

No. 17

唐辛子の国の真っ白塩味スープ

ポソレ（メキシコ）

世界的に渡航が再開されだした２０２１年10〜11月、メキシコ家庭の台所を探検してきた。久しぶりの渡航先にメキシコを選んだのは、日本に住むメキシコ人の方にタコス作りを教わって以来、すっかりその世界に魅了されてしまったから。そういうわけで、私がメキシコについて知っていたことと言えば「タコス、南米、唐辛子」くらいのもの。しかしよく地図を見ればメキシコは中米だし、着いてみれば首都メキシコ

シティは富士山の5合目くらいの高地で案外涼しい。さらにストリートフードのタコスは日本人のラーメンみたいなもので「毎日食べるものではないね」と一蹴されるし、料理自体は辛くないことが多々あり（ただし辛いサルサは何にでもついてくる）、まったくもって、私の想像していたメキシコは空想の世界だったのだ。

豚の頭を豪快に大鍋で煮込む

メキシコ州の賑やかな台所で出会ったのは、辛いイメージとは裏腹に、驚くほど素朴でプレーンな味わいの家庭料理だった。

両親と20歳前後の兄妹の4人で暮らすこの家で、ふだん料理をするのはルーシー母さん。「明日はポソレを作りましょう」と市場に出かけて購入したのは、大粒とうもろこし4kgに豚肉3kg、それに豚の頭をまるごと一つ。運転手のお父さんが、ついでにビールを買って飲みながら帰ってきたのは内緒の話。

翌朝早くに、子ども一人入れるくらい巨大な寸胴鍋を取り出しながら、ルーシー母さんはこの料理について語り始めた。「ポソレは人が集まるときの定番で、独立記念日やクリスマスなどには必ず作るんだよ。ポソレを作るのは、必ずこの大鍋か、そうじゃなければもうひとまわり大きい鍋！」

人が集まる予定がなくても、小さい鍋で作るのはありえないと言う。作り方は難しくなく、まずは豚肉と豚の頭をよく洗い、とうもろこしと共に鍋に入れる。豚の耳の中まで念入りに洗う母を見ながら、長男リカルドは顔をしかめる。「ポソレは豚のと鶏のがあるんだけど、ぼくは鶏の方がずっと好き。豚は顔の見た目が…ね」と。母は手を止めないまま「これがいい味出すんだよ」と言い返す。きれいになった豚肉、とうもろこし、玉ねぎやハーブを鍋に入れ、よいしょとガス台にのせると、もう笑っちゃうくらいな大鍋の存在感。ガス台は4口あるけれど他に何も置けそうになく、ボートのオールくらい大きい木さじを頭上に掲げて、背伸びしながらかき混ぜる。その様子をリカルドは「魔女の実験みたいでしょ？」と表すのだが、言い得て妙である。そうして煮込むこと3時間。やわらかくなった肉を取り出して裂き、脂身は潰してペースト状にし、鍋に戻す。豚の顔も細かく刻み、「コリコリの部分が特においしいんだけど、好きな人だけのせられるようにね」と母さんはそっと別皿に取る。再び鍋を火にかけ、塩で味を調えたら出来上がり。見た目は真っ白でとろっとしていて、まるでお粥のようなやさしい見た目。辛くて勢いのあるメキシコ料理のイメージと正反対で、戸惑う。

大鍋でポソレを煮込む様子は大迫力。こんな台所見たことない

ベースの料理はこんなにシンプル。味はそれぞれが作る

トッピングからが本番

ところが、話はこれからだった。料理自体はシンプルな塩味だが、トッピングで各自が味を作るのだ。ずらっと並んだアボカド、ライム、刻み玉ねぎ、辛いサルサ、チチャロン（豚皮揚げ）などから各自好きなものをスープにのせて混ぜると、もう一人一人スープの色も違うし、まるで別々の味わいになる。辛いのが好きな母さんはサルサをたっぷり入れて赤いスープに、そこまででもないリカルドの妹はサルサ少なめでアボカドたっぷりなので緑っぽいスープに。それから豚の頭肉も。私は迷いながらあれこれちょっとずつ入れ、「チチャロンは必須だよ」と言われて大きな塊をバリッと砕き入れた。えびせんのようにさくっとしていたのがスープを吸ってしなっとなり、これもまたうまそうだ。トッピング大賞はお父さん。器からあふれんばかりの山盛りだ。

真っ白のポソレは風邪の日に食べたいくらい素朴でやさしい味わいだったが、トッピングしてまぜた後は、ぐっとリッチな味わい。辛さや風味、コクや食感、色々あってなかなか楽しい。余談だが、このポソレのように「ベースはシンプルでトッピングで味を作る」というスタイル、メキシコの食卓や屋台でたびたび出合ってすっかり気

新たに人が来て加わったりおかわりに立ったり。食卓は流動的

屋台でもトッピングがずらりと並び、見るだけで気分が上がる

に入ってしまった。何をのせようかなと悩む楽しさがあるし、料理を作る人だけが各人の好みに悩まなくて済む。おいしく食べる責任が、食べる側に手渡されるのだ。

さて、あんなに大量に作っていったいどうするんだろうとドキドキしていたのだが、入れ替わり立ち替わり人が来て、大鍋はたった2日で空っぽに。この日はメキシコの大きなイベント「死者の日」(日本で言うお盆)を前にした週末ということもあり、親戚がやって来たり子どもの友人が遊びに来たり、とにかく来客が多かったのだ。人が来ると一緒に食べ、家族以外の人が「お客さん」ではなく自然にご飯を一緒に食べていられる空間が、なんだか居心地がよくてほっとするのだった。

ポソレのレシピに「何人前」はない。とにかくみんなが食べられるようにたっぷり作るのみ!

No. 18

チョコレートは泡立ててふわふわで

チョコラテ（メキシコ）

日本で「チョコレートのシーズン」といえば2月。バレンタインデーに加えて、チョコが溶けにくい時期ということもあり、デパートには形やフレーバーに趣向を凝らしたこの時期だけのチョコレート菓子の数々が並ぶ。家計調査の数字でも、2月が年間で最もチョコへの支出金額が多い月となっている（総務省統計局・2019年）。

コンビニに行くと、一年を通して気軽に口に入れられるサイズのチョコレート菓子があふれている。最近は機能性を謳ったものやデスクワークを意識して手に付かないものが増え、おやつの枠を出て広がっている。贈り物にしろご褒美にしろデスクワークのお供にしろ、指でつまんで食べられるお菓子というのが、チョコレートと聞いて想像する画ではないだろうか。

ところが世界には、チョコレートを「飲む」人たちもいるのだ。

紀元前からのホットドリンク

チョコレートの原料となるカカオ豆の原産地は、メキシコ南部を中心とするメソアメリカといわれている。この地域は、マヤ・アステカ文明といった古代文明が栄えた地域でもあり、紀元前よりカカオ豆は神々への捧げ物などに用いられてきたとされる。カカオ豆をすりつぶして水を加えて泡立てた飲み物は、捧げ物にされるほか、王や貴族などの高位の人々に飲まれていたのだとか。嗜好品だったのか薬として飲んでいたのかは諸説あるものの、いずれにしろ貴重なカカオの実で作られるドリンクは、限られた人たちだけが飲むことのできるとても特別なものであったようだ。

その後、大航海時代にスペイン人が到来してヨーロッパにカカオ豆を持ち帰って、ヨーロッパの加工技術により「食べるチョコレート」が生まれ世界中に広まったが、この地域では今も「飲むチョコレート」が生活に根付いている。時代を経て、限られた人のものではなく庶民的なものとして。

チョコを作るマラカス?

メキシコの台所を訪れると、ほぼ例外なくマラカスのような泡立て器のような賑やかな道具に出合う。メキシコ南部のオアハカ州で訪れた家庭のおばあちゃんは、「モリニージョは、チョコラテ作りに欠かせない。うちは3本あるよ」といって年季の入ったその道具を見せてくれた。一本の木を彫り出して作られるモリニージョは、シンプルな構造ながら美しい工芸。棒の部分を両手で挟んで擦り合わせるように回すと、先の方についた輪っかが本体と別に回って効率よく攪拌されるようになっているのだ。カラカラという音が小気味よく、容姿も愛らしくて、この国で最も気に入ってしまった台所用具だ。

おばあちゃんのいう「チョコラテ」というのは、スペイン語でチョコレートという意味そのもの。しかし作るのはチョコレート菓子ではなく、いわゆるホットチョコレート。朝食や軽食によく作られる。

作り方は、簡単だ。陶器のポットに水または牛乳を入れて火にかけ、温まったらテニスボール大ほどのチョコの塊を入れて溶かし、モリニージョをくるくる回転させながらふわふわの泡を立てる。カップに注ぐと、豊かな泡がまるでキノコの頭のようにカップを覆った一杯が完成。口をつけると、泡とともに豊かなカカオの風味が口の中で弾ける。

うっとりしていると、「パン、いる？」と声をかけられ我に返った。チョコラテはこのままでもおいしいのだが、甘いパンを浸して食べるのがお決まりのスタイル。甘い飲み物に甘いパン？　と一瞬ひるむのだが、メキシコの甘いパンは割とパサパサしているので、甘い水分を吸ってこれが危険なほどおいしくなるのだ…。

泡立てに隠された知恵

チョコを溶かすだけならば日本でも簡単にできそうなのだが、実はこのチョコの塊がひと味違う。お菓子のチョコレートとは別物で、なんというかもっと粗野な代物なのだ。カカオ豆と砂糖、それに多くの場合はシナモンも加わり、これをメターテとい

おばあちゃんがゆずってくれた、半分壊れたモリニージョとお手製チョコ塊

お店では、泡立てて注ぐパフォーマンスも込みで提供される

う石板と石の棒ですりつぶしてペーストになったのを丸めて作るというのが昔ながらの製法。今は出来合いのものが市場やスーパーでいくらでも売っているけれど、いずれも砂糖やカカオの粒がじゃりじゃり残っているのが特徴。そのまま食べるには向かないが、乳化剤などが入っていない分きれいに泡立つのだ。

シナモンの香りがうっすら香り、ふわふわの泡が心地よく、なんだか特別な気持ちになる一杯。モリニージョで泡立てるのは、その昔カカオが微細に粉砕できなかった頃に水に馴染ませるための策だったようだ。今やカカオの加工技術も向上して、もはや一生懸命混ぜなくてもなめらかなドリンクやチョコレート菓子は手に入るわけだが、先人の試行錯誤があったからこそ生まれたこのふわふわのおいしさが、堪らなく尊いものに思えてならないのだった。

メターテは穀類をすりつぶしたりも。都会の台所では見かけない

オアハカの市場を歩くと、職人手作りを謳うチョコ塊がたくさん

No. 19

レシピにできないパリッサクッの秘訣

ブニュエロス（メキシコ）

「ブニュエロス」に出合ったのは、メキシコの台所でのことだった。

その言葉を初めて聞いた時に頭に浮かんだのは、ぬるっとした動きをする両生類。その名前の響きからの連想だが、実は両生類ではなく、生き物ですらもなく、サクッと軽いお菓子だった。

「ブニュエロスを作ろうか」とその語を口にしたのは、料理上手で評判のルルーおば

あちゃんだった。メキシコ北西部のパツクアロという町で、夫のフロイと2人で、小さな家庭料理の食堂を営んでいる。私が彼女の元を訪れたのは、メキシコ版お盆ともハロウィンともいわれる「死者の日」にあわせてのこと。お店を手伝いながら、料理を教わることになっていた。しかし、時は2021年。新型コロナ感染症による行動制限が緩和されて、社会が動き出したように見えていたけれど、予想外に人出が少ない。子どもや孫たちも応援に駆けつけていたのに、2日間の祭りの2日目になるとさっぱりお客さんが来なくて、ひまになった。そこで、お菓子作りでもして過ごそうかという提案だったのだ。なぜ唐突にブニュエロスなのか、ブニュエロスがいったい何物なのか、さっぱりわからないけれどルルーおばあちゃんが楽しそうなので、惹き込まれるようにしてブニュエロス作りが始まった。

粉は最低1kgから

ルルーおばあちゃんのブニュエロス作りは、なかなか豪快だ。まず台に小麦粉をあけるのだが、その量1kg。粉の入った紙袋を丸ごとさかさまにして、台の上にあける。砂糖と塩を加え、軽く混ぜて山を作るとなかなか迫力のあるサイズ感。圧倒されてい

「こう、真ん中に穴を開けてね」まるで砂遊び

ると、「1kgはミニマム！　クリスマスの時なんかは2倍も3倍も作るんだから！」と返されてしまった。

さて、小麦粉の山ができたら真ん中をへこませてカルデラのようにするのだが、彼女の手つきはまるでもう砂遊びをする子どものよう。慌ただしく料理の仕込みに駆け回っていた時の厳しい表情はどこへやら、無邪気な笑顔を浮かばせ、いたずらっこの顔つきだ。カルデラの穴部分に、トマティーヨ（ほおずき似の青トマト）の葉のゆで汁を注ぎ、寄せ集めるようにして手でこねていく。粘土遊びのようにこねながら、ルルーおばあちゃんは教えてくれた。

「多くの人は、ただのお湯で作るのだけどね、トマティーヨの葉のゆで汁を使うのが秘訣。よく伸びる生地ができるんだよ。私の母も、その母も、この方法で作っていた」

さらに思い出話は続く。「母は、クリスマスの時にだけブニュエロスを作ってくれたんだよ。クリスマスといえば、

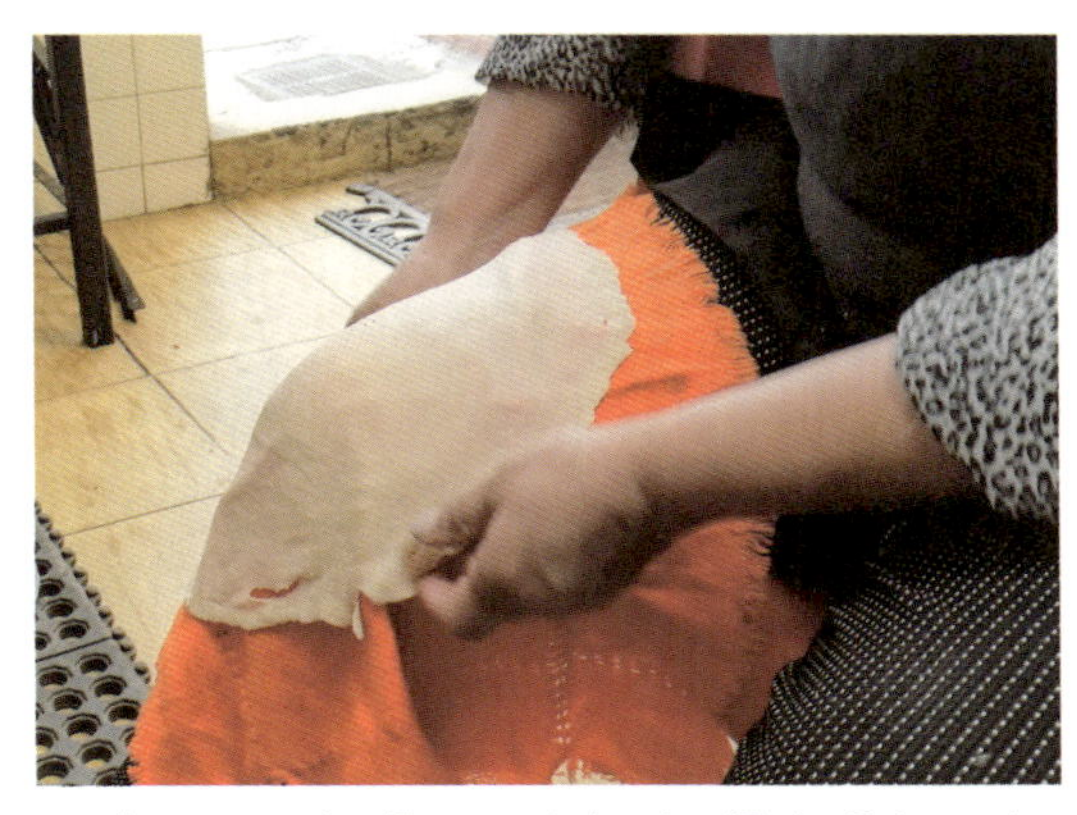

その薄さといったら、膝にのせた布の色が透けて見えるほど

ケーキじゃなくてブニュエロス。一年に一度だけ、特別だったんだよ」。

そんな思い出話をしながらも、生地はどんどんまとまって滑らかになっていく。まんじゅう大に分割して、寝かしタイム。といっても粉1kg分の生地をきれいに丸めていくと、最後のを丸め終わる頃には、最初のはもう十分に休んだ状態に。今度は伸ばしていく作業だ。

パリパリを生む技術と連携

麺棒を取り出して…と思っていたら、様子がおかしい。ルルーおばあちゃんは丸めた生地を手でつぶして広げ、もう少し広げて、ここらで麺棒をと思っていたら、おもむろに椅子に座り、膝に布をかけ、生地を膝にのせて伸ばし始めたのだ！　膝頭にひっかけて、少しずつ引っ張って伸ばしていく。「破れないのかな」と私はドキドキするのだが、

お店でもお菓子作りでも、夫のフロイはいつも一歩後ろで支える

ギリギリのところで破れない。熟練の技術とゆで汁の力なのだろうか。「他の人はここまで伸ばさないけれどね。薄いほうがパリパリでおいしいんだよ」と言いながら、淡々とトレーシングペーパー並みの薄さに広げていく。

しかし、ここで問題が。次はこの生地を揚げるわけだが、膝を使っているので立ち上がれず、油の鍋は数歩先。一体どうやって揚げるのだろう。するとここで夫のフロイが登場。ルルーの膝の上で伸びた生地をひょいっと取り上げて、油の鍋に投入。ルルーは何事もなかったかのように次の生地をとって伸ばし、それをフロイが次々に揚げていくという工程が自然と始まった。あまりに自然だったのは、もう何十年もこうやってきているからだろうか。何も言葉をかけあわないのに、完璧なテンポ。息の合ったふたりの共同作業で次々とブニュエロスが揚がっていく。

揚げたてに砂糖をかけてつまみ食いすると、サクッパリッ

しっかり硬いのに、容易にパリッと割れて、サクッと軽い食感

と砕けて、感動的なまでの食感。手が止まらない。どこかに出かけていた孫たちもいつの間にか戻ってきて、揚がる端から手を出して、「おばあちゃんのブニュエロスが世界一！」と自慢げに言う。「彼女は、クリスマスや家族が集まる時にはいつも作りたがるんだけど、どんなに作ってもすぐになくなっちゃうの」と孫もルルーおばあちゃんの笑顔が移ったかのようなとろけんばかりの笑顔だ。

日本に帰り、自分の台所で、膝代わりにボウルを裏返して伸ばしては一人で揚げるのを試みた。おいしくはできたが、あの奇跡的なまでに軽く砕けるブニュエロスには至らなかった。

膝頭で伸ばす熟練の技、夫婦2人での連携プレイ。奇跡的なおいしさの秘訣というのは、レシピに書けないところにあるものだ。

No.20

じゃがいもスープに溶けたおいしさ

アヒアコ（コロンビア）

皿の上の料理だけを見るとなんてことないのに、料理する過程を眺めていると、その土地ならではの知恵や思いもよらない物語に出合えることがある。

南米コロンビアのアヒアコもそんな料理のひとつ。鶏肉とじゃがいもを煮込んだとろみのあるスープなのだが、味付けはシンプルな塩味で香辛料が攻撃してくることもなく、どこか日本食を感じさえするやさしい味だ。見た目も味も至ってふつうなのだ

が、現地家庭で一緒に作っているとにかく不思議なことが多い料理だったのだ。

赤道直下の寒い台所

コロンビアという国は、メキシコのやや南、南米大陸の北端に位置する。地図を見ると赤道直下。さぞ暑かろうと思いTシャツ一枚で降り立つと、震えるほどの寒さがお出迎え。まわりを見ると、みなコートやダウンを着ているではないか。実は首都ボゴタはアンデス山脈に位置し、赤道直下といっても標高は富士山の6合目くらい。なかなかに冷えるのだ。

そんな土地で半ば震えながら訪れた家庭で出合ったのが、アヒアコという料理だ。ボゴタから車で1時間ほどいった山の中の一軒家。招き入れてくれた台所の窓から外を見ると、人の影はなく草を食む牛がたくさん目に入る、そんな牧歌的な一帯だ。当然歩いて行ける範囲にレストランなどはなく、毎日の食事はこの家のお母さんが作る。「今日はアヒアコを作りましょう。週末や人が集まる時はアヒアコ。クリスマスや大晦日などに作るものなの」と教えてくれた。

アヒアコは、黒い石の器に注ぎカゴにのせて出すのがスタイル

じゃがいもは3種類

料理開始。まずはじゃがいもの皮むきから。ボウルに山盛り入ったじゃがいもをひとつひとつナイフでむいていくのだが、長年こなしてきただけあって作業は速く、りんごの皮むきのようにくるくるとひと続きの皮でむいてしまう。しかし、ここでちょっとおかしなことが。ゴルフボール大のじゃがいもを十数個ほどむいたところで、今度はこぶし大ほどのちょっと皮の色が濃いじゃがいもをいくつかむき、その次は長細いいもを3つほど。なんと、じゃがいもを3種類も使うようなのだ。ポテトサラダや肉じゃがを作る時、わざわざ男爵とメークインを混ぜることなんてあるだろうか。そもそもうちの近くのスーパーは3種類も置いていないんじゃないだろうか…。

混ぜる理由を聞いてみると、「役割が違うから」という。

台所に立つお母さん。この台所は朝日が差し込んで気持ちいい

「一番小さいのはパパ・クリオーリョ。煮込むとすっかり溶けて、スープにとろみを与えるの。あとの2つは、パパ・パストゥーサとパパ・サバネラを使うことが多いかな。今日はアラカチャっていう別の種類のいもを使ったけど。それぞれ固さや風味が違う」

一種類では量が足りなかったとか、どれでもいいからというわけではなく、それぞれの特徴を理解した上で「3種類まぜて使う」ことをしているのだ。

改めてじゃがいもの道のりを振り返ってみると、原産地はアンデス山脈とされ、コロンビアでも大昔から人々の生活を支えてきた。じゃがいもを見る目の〝解像度〟が私たちより高いのは、きっとじゃがいもとの長年の付き合いによって育まれたものなのだろう。

3種類のいもをすべて皮むき。量もなかなか

香草は煮込むもの

じゃがいもの下ごしらえと並行して、スープの出汁を取る。鶏肉と一緒に鍋に投入されたのは、長ネギと、それからパクチー。独特な風味が強烈にファンを引き付け（たり遠ざけたりす）るあの香草は、東南アジアではもっぱらトッピングに使われるが、くたくたに煮込んでしまうようなのだ。スープがおかしな香りになりはしないかとドキドキするのだが、考えてみれば、日本ではパクチーというタイ語で浸透したものの、元は地中海周辺から広がって世界中で食べられている香草だ。使い方だって生で食べるだけではないのだ。後で現地の食品メーカーの方に聞いたところによると、コロンビアでは料理のベースにパクチーが入っていないと「何か物足りない」と思われることがあるのだそう。日本料理の出汁のようなものだろうか。取り出される

ネギとパクチーは最初に入れる。昆布で出汁を取るかのよう

ので完成した料理には現れないが、いつもは仕上げにのせられるあの子が、縁の下で料理をおいしくしていたのだ。

見えない食材を味わう楽しみ

鶏肉がやわらかくなったらとうもろこしとじゃがいもを投入。じゃがいもが十分煮込まれて一部溶けたら完成だ。鶏肉を裂き、とうもろこしを取り出してご飯に添え、トッピングにアボカド、ケイパー、サワークリーム。お祭りのように色々並ぶのだが、ベースがシンプルな味ゆえにトッピングがいい仕事をしてくれる。じゃがいも…いや、パパ・パストゥーサが溶け込んだスープは、やわらかい甘みがあり、とろっとして体の芯から温まる。

一見平凡なスープにも、一つ一つの食材に道のりがある。そんな旅路に思いを馳せると、この地で生まれたおいしさが一層染みるようだった。

No. 21

アンデス高地が作る季節限定の凍りいも料理

パパ・エラダ（ペルー）

ペルーの高地、富士山頂より高い村で過ごした2週間は、仕事も食べることもじゃがいも尽くしだった。連日さまざまないも料理を食べたが、中でも驚いたのが「パパ・エラダ」。保存食になりかけの中途半端な状態のじゃがいもが、想定外のおいしさなのだ。

朝から晩までいも尽くし

過ごしたのは、アンデスの標高3800mの村に住む農家の夫婦セレスティーノとサントゥサの家。ここの主食はじゃがいもで、滞在した6月上旬はちょうど収穫時期だったこともあり一生分のじゃがいもを見た気がする。

収穫を終えたある日の夕方。大袋に詰めたばかりのいもの一部を村の小さな教会のある草地に運び、地面に撒き始めた。「チューニョを作るんだ」と手を止めずに語るセレスティーノ。なんだって！　チューニョは、アンデス高地の寒暖差を利用して作る保存食で、乾燥じゃがいもだ。石のように硬いと聞いてずっと興味を持っていたが、作るところに居合わせられるなんて。

「この草地は、村で一番寒い場所。雲のないスカッと晴れた日なら、ひと晩でしっかり凍るよ」

彼のその言葉に空を見上げると、ひとすじの飛行機雲が澄んだ夕空に映えていた。いもの無事を祈りながら家路についた。

じゃがいもの入った70kgの袋は、ロバの背に乗せて運ぶ

ひと晩凍ったいもの変身

翌朝。草地を訪れるといもは霜に覆われてカチカチに凍っている。それを袋に詰めてロバの背に乗せて帰宅。再び家の前に広げ、1時間もするといもが解凍されてきた。触るとふにゃふにゃで、セレスティーノがぎゅっと握ると水がぴゅっと飛び出た。「この水分を足で踏んで出して、皮をむいて、それから2週間天日干しにしてカチカチにするんだ」と。彼はじゃがいもを一つとって皮をむいて見せてくれた。素手で、みかんのようにきれいにむけていく。じゃがいもでないみたいだ…と驚いていたら、さらに驚くことを言い出した。「これをゆでて食べるのがうまいんだ」

えっ、どういうこと？　これは生のじゃがいもでもなければ、まだチューニョにもなっていない。凍って溶けただけの中途半端なものだ。聞き間違いだろうか。が、彼は一

座り込んで延々と皮をむく。根気のいる作業だ

つだけでなく2つ3つとむき、サントゥサもたらいを持ってきて加わり、「昼ごはんはパパ・エラダ（凍ったじゃがいも）にしよう」と言うので、ともかくも従うことにした。じゃがいもの皮は、引っ張るとじゅじゅっとむけて気持ちがいい。山盛りになったたらいは、台所に運ばれて行った。

土間の台所では、かまどに大鍋でお湯が沸かされていた。ぐつぐつする鍋にじゃがいもを投入。山ほどのいもがゆでられていく。すごいなあ…じゃがいもを冷凍するのも、いもを水からではなく湯からゆでるのも、私の知っている調理の常識を超えている。一体どうなっちゃうんだろう。

30分ほどゆでたら、いもに火が通ったのを確認してお湯を捨て、鍋の中のいもに、戸棚から出したチーズの塊をスライスしながらのせていく。ああ、これはうまいはずだ。チーズが全体を覆ったら鍋の蓋をして、蒸らすこと数分。そっと蓋を開けると…とろんとなりゆくチーズと湯気！

チーズをカットするサントゥサ。彼女はなぜかいつも小走り

アンデスのチーズは、ピザのチーズのようにとろとろにはならず、じゃがいもの頭を覆うように座っている。

皿を取り出し、いもをすくってざざざっと盛り付けるサントゥサ。いもが15個ほど、皿に山盛りのせられる。とけたチーズも何片か。「はい」と手渡されたその皿はずしっと重く、皆でつついて食べるものと思ってテーブルに運ぼうとしたら、「それはミサトのだよ」と言うからたまげた。これが一人分か！　セレスティーノも、手伝いに来ていた娘夫婦も、外の作業を一段落して入ってきた。土間に散らばった小さな椅子に思い思い腰掛ける。

パパ・エラダの味は…

凍ったじゃがいもの丸ゆでにかぶりつくと、しゃきっとした食感とともにねっとりした甘みが広がる。なんだこれは！　この家で連日食べていたじゃがいもはでんぷん質で

ちょっとだけ溶けたアンデスのチーズは塩気のアクセント

ほっくり崩れるものだが、このいもは崩れる気なんてさらさらないし、味もひと冬寝かせたような甘みがある。「これ本当にいもなの？」まるで別の食べ物を食べているような気分。塩気の強いチーズがアクセントになり、山盛りのいももまったく飽きることがない。顔を上げると、セレスティーノが空の皿をつきだしている。あの山盛りを平らげておかわりとは！　体を使う人たちは本当によく食べる。

「パパ・エラダは、生のじゃがいもとチューーニョのいいとこ取りなんだよ」と言うサントゥサ。たしかに、後日食べたチューーニョはさくっと菊芋のような食感で、味は土っぽく甘味はあまりなかった。今食べているこれは、生のじゃがいもとチューーニョのまさにいいとこ取り。そして、寒暖差が大きいアンデスでこの時期だけできるおいしさなのだ。フレッシュな保存食を楽しむ高地の人々の知恵と、凍ったいものおいしさに恐れ入った。

No.22

くたくたパスタの最高傑作

タヤリンヴェルデ（ペルー）

くたくたの麺は、どうも好きになれなかった。私は硬い食感が好きで、パスタは硬めのアルデンテ、うどんは噛みごたえのある讃岐うどんがいい。なんなら「喉越しが命」と言われる蕎麦だって、喉越しよりも太くてゴワゴワした噛む蕎麦の方が好きだ。のびたやわらかい麺を食べるのは屈辱とすら思っていた。

だが、ペルーでくたくたパスタに出合って、考えを改めざるを得なかった。くたく

たがこんなにも安心感のあるおいしさだなんて。

ペルーでイタリア?

そのパスタに出会ったのは、ペルー第二の都市アレキパでのことだった。標高2300mというのは、アンデス山脈を有するペルーにおいてはそれほど高くないけれど、日本では乗鞍岳や大雪山に相当する高地。飛行機で降り立つと、山の景色に迎えられた。お世話になったのは街の端に住む一家で、両親と高校・大学に通う2人の娘、高齢の祖父の5人暮らしだ。

ある日、朝食を食べながら「今日のお昼は何にしようかね」と尋ねる母。高校生の娘ユリがすかさず「タヤリンヴェルデ!」とリクエストする。彼女と姉スレマの好物なのだ。スマホで見せてくれた写真は、緑色でジェノベーゼパスタのよう。ペルーまできてイタリア料理か…と思わなくもなかったが、2人の大好物というのならばそれもまた面白い。その日はタヤリンヴェルデを約束して、彼女たちは学校に出かけて行った。

「あれがアレキパの富士山だよ」と冗談めかして教えてくれた

ジェノベーゼのようだけど…

私が外に用事を足しに出かけ、予定より少し遅れて帰ったら、母さんは昼ごはんの支度を始めていた。緑の葉はすでにちぎり終えてボウルに入っていて、寸胴では麺がゆでられている。麺をゆでているということはもう最終段階なのか⁉　急いで手を洗って手伝う準備をした。

するとすると母さんは鍋の湯を捨て、早くも麺ゆでを終えた。え？　葉っぱはまだその形のままだし、ソースらしきものはまったくできていない。ソースってそんなに早くできるのか？　そうでなければ麺がくたくたになってしまうぞ。ひやひやするけれど、どうしようもない。それに、鍋の中の麺はすでにやわらかめにゆでられているように見える。麺の食感は、もうあきらめよう。

母さんは、緑の葉をミキサーに詰め込んだ。葉っぱは当

ほうれん草の山。葉が丸いので見た目もバジルみたいなのだ

然バジルだと思っていたのだが、それにしては香りが薄い。一枚かじると、バジルの苦味がない。「ほうれん草だよ。そこにちょっとだけバジルを入れるんだ」と母さん。なんと！確かにここではバジルはそんなに穫れないから、ほうれん草を使うのは理にかなっている。フライパンで玉ねぎのみじん切りを炒め、そこにジュースのようになったほうれん草を投入。しばらく炒め、ふたたびミキサーに戻して回し、そこに投入したのが、白いチーズ。白くて瑞々しくて豆腐みたいな見た目のケソフレスコは、このあたりで最も一般的なチーズ。それを、粗く切ってばさばさと太っ腹に入れるのだ。ミキサーで砕かれてもしっかり粒が残った様子は、まるでナッツを入れたかのようだ。そういえば本場のジェノベーゼソースは、松の実とパルミジャーノ・レッジャーノを入れたはずだ。粗く粒状に入ったケソフレスコは、その両者の役割を兼ねているんじゃないか？

緑のソースを寸胴のパスタに絡める。すごい量！

かくしてソースが出来上がった。これを麺にあえるのが最後のステップだ。寸胴の中のくたくた麺にソースをかけて、わっしわっしとかき混ぜる。イタリア人が見たら卒倒しそうな大胆調理を経て、緑色のパスタが出来上がった。

皿に盛り分け、ミラネサ（ミラノ風カツレツ。本来は牛肉のカツレツだがこの家では薄い鶏むね肉を焼いたものを指す）を添えて、いただきます。夕方に学校が終わってから食べる娘２人をおいて、大人たちだけで昼食が始まった。

慌てずゆっくり食べられる

一口目は、マイルドだなあくらいの印象だった。しかし二口三口と食べ進むうち、どんどん惹きつけられてしまった。緑のソースは見た目以上にマイルドでクリーミーで、それがくたくたパスタと合って、なんだかすごくやさしい。本場のジェノベーゼはアルデンテでバジルや松の実が香り、

ナイフではミラネサだけでなく麺も切っていた。ユニークだ

「このおいしさがわかるのが大人だよ」と言わんばかりのすました味なのに対し、こちらは誰もに好かれるやさしい味。それにすでにのびきっているから、これ以上のびることを心配せず話を楽しみながらゆっくり食べられる。これはいい。そして数時間後に帰ってきた2人の娘たち。待ちきれない様子でタヤリンヴェルデの鍋に向かい、山盛りにとってスマホを見ながら黙々と食べる。最初からのびていたパスタは数時間経っても変わらない。便利だ。

タヤリンヴェルデのヴェルデは緑色という意味だが、タヤリンはジェノバのあるイタリア北部の方言で細切りパスタのことらしい。この地域からはかつてペルーに大量の移民が渡った。海を渡り独自進化を遂げたペルー式ジェノベーゼパスタは、もはやれっきとしたペルー料理だ。くたくた麺に、懐かしさと郷愁と安心感の混ざった愛着を感じるのだった。

世界の〝辛い料理〟を分解する

辛いものは好きだろうか？「苦手」と言われたら話は簡単だけれど、「好き」と言われたら、これが案外難しい。「辛い」の方向性を間違うと、いくら辛くても「それじゃない」ということになりうることを、世界各地の「辛い」に触れる中で痛感している。

辛さの源といえば、まずは唐辛子だろう。からしもわさびも刺激的だが、「辛いもの」と言われてまず思い浮かぶのは、火鍋やキムチなどの赤い系料理、それからスパイスたっぷりのインドカレーなどではないかと思う。カレーのスパイスの中でも辛いものは限られていて、たいていの場合は唐辛子と胡椒なので、やはり唐辛子ということになる。

そこで、唐辛子の「辛い」を分解してみたいと思う。

辛いはフレッシュ

インドネシアは、辛い料理が多い。唐辛子、にんにく、シャロット（親指サイズの赤玉ねぎ）はあらゆる料理の基本で、そこに生姜、レモングラス、ターメリック（ウコン）、コブミカンの葉などを加え、石臼でつぶしてペースト状にする。特筆すべきは、すべてのスパイスは乾燥ではなく生のものを使うということ。もちろん唐辛子も生だ。生の赤唐辛子は日本のスーパーではなかなかお目

❶

❷

にかかることはないけれど、インドネシアの市場では、むしろ乾燥唐辛子がなかなかない。どこの市場に行っても、真っ赤に実ったみずみずしい唐辛子が山積みで売っている。この唐辛子をどっさり十数本も臼に入れて、ぐいっぐいっと力強くつぶすと、他のスパイスとあわさってペースト状になっていく。

このペーストを油で炒めると、生のスパイスの香りが炸裂し、食欲を掻き立てる刺激的な香りがキッチンに満ちあふれる。そこに野菜を加えて炒めたり、ココナッツミルクと鶏肉を入れて煮たりするのだけれど、どの料理も「辛くておいしい」。確かに辛いのだけれど、純度の高い突き刺すような「辛い」ではなく、様々な香りが折り重なって膨らみのある「辛い」が生まれているのだ。すっとする柑橘系の香りはレモングラス、土臭いどっしりした香りはターメリック、ほんのり爽やかなのは生姜の葉のせいだろうか。とにかく、辛さの奥で広がる香りがリッチだ。

そんな彼らに言わせると、「インドの料理は辛いけれど物足りない」のだという。インドの料理は、ドライスパイスを使うので、彼らの望むフレッシュな香りがないというのだ。インドネシアの彼らにとっての「辛い」は、味だけでなく、香りの豊かさをも含めたものだと知った。

辛いは甘みも含む

日本で唐辛子というと、鷹の爪とイコールで扱われることも多い。しかし実際にはイコールではなく、鷹の爪は数ある唐辛子の品種のうちの一つ。ぴりっとするストレートな辛さが特徴で、砂糖で例えるならばミネラルを多く含んだ黒糖ではなく高度に精製された上白糖になるだろう。この鷹の爪しか知らずにずっと生きてきたから「唐辛子は辛いもの」と思っていたけれど、唐辛子の故郷メキシコを訪れて見事にひっくり返された。

唐辛子は、メキシコを含む中南米が原産とされており、なんと紀元前8世紀頃にすでに栽培され

3

4

ていたらしい。古代メキシコで栄えたアステカ文明の遺跡からは、とうもろこしなどと共に唐辛子を食していた痕跡が発見されている。その後大航海時代にヨーロッパに渡り、時を経て16世紀に日本に伝わった。我々日本人は唐辛子との付き合いが５００年程度しかないが、メキシコの人々は1万年近くもあるのだ。また、原産地だけあって品種も多く、市場に行っても、乾燥したものだけで10種類は並んでいて、赤いものから黒いもの、ツルツルのものからシワシワのもの、小指の爪程度のものから手のひら大のものまで、唐辛子という一つの言葉でくくれないほど個性豊かだ。さらに近づいてにおいを嗅ぐと、甘み、燻製香、ナッツ香など、香りも驚くほど多様。

これを料理するのが、また楽しい。乾燥した唐辛子は、料理する前に一度お湯に浸したり直火であぶってやわらかくしてから使うのだけれど、熱した瞬間香りが舞い上がる。羽ペンのように長く真っ黒なチレネグロは、強そうな見た目に反して、ほとんど辛くなくてむしろ甘い香りがする。実はメキシコの唐辛子は、辛さの指数スコヴィル値が鷹の爪以下のものが多くあり、必ずしも辛くないのだ。辛くないというか、辛さ以外の味わいやうまみが豊かにある。唐辛子を使う代表的なものにサルサ（辛いソース）があるけれど、サルサは1種類の唐辛子ではなく2〜3種類組み合わせて風味を作り、メキシコ人はこのサルサに命をかける。メキシコの代表料理であるタコスも、私などは「チキンにしようかな豚肉のがいいかな」と具のことを考えるのだが、彼らは「タコスはサルサが命！サルサがうまいタコス屋はタコスがうまい」という。メキシコの「辛い」は、多様な唐辛子の風味を組み合わせた香りの妙技であった。

「辛い」と同様に、「甘い」にも「酸っぱい」にも様々な味わいがある。普段当たり前のように使っている味の言葉の解像度を上げると、食べることをもっと深く楽しめるのかも、と唐辛子を眺めながら考えた。

❶ 生スパイスのペースト作りが、インドネシア料理の最初のステップ
❷ ペーストを炒め鶏と煮る。ホーリーバジルも入ってフレッシュ
❸ メキシコの唐辛子一例。一番小さいチレ・ピキンが一番辛い
❹ 唐辛子を油で炒めてミキサーにかけたものも、香り高いサルサ

Chapter 4

オセアニア の ひと皿

OCEANIA

No. 23

主食はわらび餅？南の島のぷるぷる団子

ターニムサクサク（パプアニューギニア）

ぷるぷるで透明、わらび餅のような食べ物を主食として食べる国があると高校の地理の授業で習ってから、ずっと気になっていた。

その国の名は、パプアニューギニア。サゴヤシというヤシが材料なのだという。ヤシが主食ってどういうことだろう。どんな味がするんだろう。長年気になっていたものの縁がなく、10年以上経ってパプアニューギニアに通う研究者の方を紹介してもら

い、念願叶って渡航できることになった。サゴヤシへの期待に胸膨らませ、飛行機に乗り込んだ。

サゴヤシの村へ

パプアニューギニアは、南太平洋に浮かぶ島国だ。オーストラリアのすぐ北、ニューギニア島の東半分とその周辺の島々がパプアニューギニアだ。この国は、深い熱帯雨林と厳しい自然環境に阻まれて、海岸部以外は1900年代まで近代文明との接触がほぼなく、食を含め独自の文化が残っているとされる。

私が訪れたのは、東セピック州の山岳部。パプアニューギニアの中でも、サゴヤシを主食とする地域の一つだ。首都のポートモレスビーから飛行機で飛び、山道を3時間車で走って目的の村に着いた。

お世話になる家族は、サゴヤシ食を知りたいという私のために、到着した翌日にサゴヤシの木を切り倒し、でんぷん採集の大仕事を見せてくれた。倒したヤシの皮を剥ぎ、幹を砕き、おがくず状になったものを川の水でもみ洗いしてでんぷんを集める。2日がかりの大労働の末、10kgほどの白いでんぷんを得た。

サゴヤシの幹部分の皮を剥ぎ、鉄の道具を振るって髄を砕く

サゴヤシから採集したでんぷんは、完全に乾燥させず湿った状態で保存する。水溶き片栗粉を放置して沈殿したものを集めた状態、と言ったら想像がつくだろうか。湿っているけれどさらさらの塊。これを使って作る主食が、冒頭のわらび餅のような食べ物だ。

「今夜はターニムサクサクかね」と言ってお母さんが取り出したのは、大きなたらい。現地のピジン語で、ターニムは回すといった意味で、サクサクはサゴヤシのこと。文字通り、サゴヤシでんぷんをくるくる回して作るのだ。

たらいにサゴヤシでんぷんを数つかみ入れて水で溶き、そこに沸かしたお湯をまわしながら注ぎ入れる。すると最初は白かったたらいの中が、お湯を注ぎ続けるうち急に透明になり始め、重たい粘りのある塊になったのだ。

これをよく混ぜたら、水飴を練るように2本の棒でくるくると拳大のだんごを作って、ぽとんと皿に落とす。これ

流れ落ちるような生地をすくい、同じ大きさに丸めて落とす

を繰り返して、一枚の皿に6〜8個ほど、団子を並べる。これを人数分作り、畑の野菜や山菜と燻製の魚をココナッツミルクで煮たものをのせたら、いよいよ食事の時間だ!

無味だけれどおいしい

透明でぷるぷるして、巨大わらび餅のようなターニムサクサクを手で掴んでかじりつく。家族の食べ方を真似して、野菜をつまんで、交互に口に入れる。ぷるんとした食感と、新鮮なココナッツミルクと魚の軽やかなコク。ターニムサクサクはというと…。

味がない。口いっぱいに頬張っても、慎重にひと口だけかじっても、ぷるっとやわらかい跳ね返りがあるだけで、味らしい味が感じられない。強いていうならば水の味。10年以上膨らませ続けた期待が行き場を失った。ココナッツミルク煮はやさしい甘みとコクがあり、これを絡めると割と

ターニムサクサク。この日はちょっと奮発し、魚の代わりに鶏肉

いけるけれど、「ターニムサクサクはおいしいんだよ」と連日聞かされていたような、それ自体の味は感じられない。

私の困惑をよそに、ターニムサクサクは家族全員の大好物で、あっという間に消えていく。私だけが味を感じていないのだろうか。

困りきってある晩家族に、「私には味が感じられないのだけど、あなたの感じている味を表現して」と頼むと、「味はないよ。あえて表現するなら満腹感かな」という返事が返ってきた。山に生活する彼らは、斜面でイモを掘り起こしたり、木に登って実を収穫したり、毎日が重労働。満腹感は、おいしさなのだ。

また、作る人と食べる人双方にとっての利便性という観点もありそうだ。この地域のもう一つの主食とされるヤムイモやタロイモは、皮をむいて長時間煮なければならない。そこにきてサゴはお湯を沸かせばすぐできるから、ずっと

イモの日。山積みのイモ類と調理用のバナナの皮をむいて煮る

早くてずっと楽だ。食べる方もイモは食べ飽きているようで、ある日は「もうたくさん！」と言って残していた。

しかし疑問はまだある。サゴヤシでんぷんを採集するのは大仕事だ。家族や親戚を招集し、女も男も子どもも老人も総動員。純粋なでんぷんなので微量栄養素等もなく、栄養素的にも特別優れてはいなさそうだ。そんな大変な労働をしてまでどうして食べるのだろう。

「わざわざサゴヤシの仕事をしなくても、ヤムやタロが畑でとれるし、その方が楽じゃない？」と尋ねると、「ヤムもタロも、植え付けや収穫の時はそれぞれ大仕事だよ。むしろサゴヤシは一番楽なくらい。食べ物を得るのに、楽な方法なんてないんだ」と言われ、何も返せなかった。

ぷるぷるのサゴヤシ団子への憧れから始まった旅は、食べ物を作ることの大変さと、根源的なおいしさに向き合わされる結末となった。無味だけれど、おいしいのだ。

No.24

8時間かかったブタのご馳走ごはん

ウム（トンガ）

生活雑誌を開くと、「30分で一汁一菜」とか「10分でスピード晩ごはん」とか、短時間で効率よく料理を仕上げる方法を紹介する特集やレシピが目につく。「時短」は台所に立つ現代人の関心テーマだ。しかし南太平洋の小島で出会った食事作りは、1時間どころか1営業日もかかるものだったのだ。

南国の食料庫

訪れた国の名は、トンガ。世界地図を広げ、何もないように見える太平洋の南の方をよく見ると、オーストラリアから東にたどっていったあたりに「トンガ王国」という点が見つかる。171の島々からなる群島で、すべてあわせても面積は対馬ほど。人口は約10万人、地方の市ほどの規模だ。私は2番目に大きい島の村に滞在したのだが、小学校は一学年10人ほどで、村の人たちはみな家族同然。私の滞在はすぐに村中に知れ渡った。

学校が終わって子どもたちが帰ってくると、一緒にすぐ近くのビーチで泳いだり、森に行ってヤシの実を落としてココナッツジュースを飲んだり、南国を存分に楽しんだ。年中温暖な珊瑚礁の島で、畑には一年中キャッサバやタロイモが育っているし、木にはプランテン(甘くないバナナ)やパンノキの実が実り、食料は豊富だ。おやつがほしければ、ココナッツもパパイヤも、木に上ればいつだって手に入る。庭のブタは、特別な日のご馳走。歩いているとそこら中に「食べ物」がある。

ピクニックが狩りに…

「見晴らしのいい海岸に行こう」

ある朝子どもたちを送り出した後、1歳児を抱えた姉さんが言い出した。道のりが長いから朝出発しないといけないと言う。そこで朝ごはんをそそくさと終え、家にいる大人と学校をさぼった隣の家の14歳のカウセティ少年とで連れ立って出発した。

茂みをかき分け山道を歩くこと1時間。波の音が聞こえてきた。急に視界が開けたと思ったら、切り立った崖から波が砕ける雄大な景色が登場。座りこんで景色を楽しもう…としたところに、事件は起きた。

「ブタが落ちている！」

カウセティの声に、一同振り返った。見ると、岸壁の大地がぱっくり割れたところがあり、地面に張り付くようにして足元の裂け目を覗き込んでいる。私も、恐怖と戦いながら身を乗り出すと、はるか下の方に確かに動くものがある。何かのはずみにすべり落ちたブタが、身動きが取れなくなってしまったようだ。カウセティは、ブタを救出しようとあれこれ手を尽くした。せまい隙間に自ら降りていって手を伸ばしたり、

森に入れば、いつだってココナッツジュースが飲み放題！

地面の割れ目に入っていく青い服のカウセティ少年。落ちたら海…

近くの木を切って落としたり。しかし隙間は狭くて深く、到底届かない。一度諦めて家に戻ったが、ロープを持ってまた出かけていった。なんて心やさしい少年なんだ。

2時間後。家で子どもたちと遊んでいると、「カウセティが帰ってきた！ブタと一緒だ！」という叫び声が聞こえた。見るとそこには…たらいに入った死んだブタと笑顔の少年が立っていた。彼は救おうとしていたのではなく、食べたかったのだ！

シンプルな料理に8時間

時は15時半。そこから、地面に穴を掘って焼き石の熱で蒸し焼きにする「ウム」の支度が始まった。

家の男たちが動き出した。父さんが豚の毛を焼き切り、さばいていく。その横では兄さんが地面に大きな穴を掘る。そろそろ火を入れるかと思ったら、「キャッサバもいるよね」と姉さんが皮をむきはじめる。しかしそれが終わってもまだ火をつけない。「ジャイアントタロ（イモ）も一緒に食べたいんだけど、畑に掘りに行かないといけない。そのための車を待っている」と言うではないか。冗談かと思うくらい道のりが長い！　ジャイアントタロを収穫し、皮をむき、穴に火を入れた時には、もう日が暮れ

ブタをさばく。静かさと興奮の共存する時間

地面の蓋を開けると、8時間におよぶ労働の成果が

ていた。黒い石が白くなるほど熱くなったら、ようやくブタとイモを入れ、バナナの葉と毛布でふたをして土を被せ、そのまま2時間ほど蒸し焼きにする。

結局、ウムにありつけたのは22時すぎ。いつもだったらもう寝ている時間だ。懐中電灯の灯りで地面を掘り起こし、火傷しそうになりながら塊肉とイモを素手でたらいに入れていく。両手でつかんでかぶりつくと焦げの匂いが香ばしく、空っぽのお腹に染みた。しかし、もうへとへとだ。ブタが家に到着してから7時間近く。救出劇から考えると、8時間以上はゆうにかかっている。会社員だったら一営業日ではないか！

時短の恩恵と本物の料理

考えてみると、普段の料理がいかにいろいろなものの力に助けられていることか。スライスしてパック詰めされた肉。指一本で調理が開始できるＩＨ調理器。缶詰や加工食品は、料理に費やす時間を大いに短縮してくれる。

南の島の生活は、一年中新鮮な食材が手に入るけれど、それだって自分で畑を耕し木に上り、生き物を肉にしなければ食べられない。食べることのために多くの時間を費やし、日々が終わっていく。本物の料理をするのは、本当に時間がかかるのだ。

おうちで作れる
世界のひと皿

World Recipes

フムス

❖ 材料（作りやすい分量）

ゆでひよこ豆 … 240g
★400g入り缶詰約1缶分。
にんにく … 1片
練りごま … 大さじ2
レモン汁 … 大さじ2
塩 … 小さじ1/2
オリーブオイル … 大さじ2
クミンパウダー … 小さじ1/2
〈仕上げ〉
オリーブオイル … 適量
ゆでひよこ豆 … 適量

❖ 準備

・ひよこ豆は豆と缶汁に分ける。
★缶汁は調整用に使用するために取りおく。

❖ 作り方

1 ひよこ豆とにんにくをフードプロセッサーに入れ、攪拌する。仕上げの材料を除く残りの材料をすべて加え、なめらかになるまでさらに数分攪拌する。
★水分が足りない場合は、取りおいた缶汁を少しずつ加え、クリーミーでふんわりした仕上がりにする。

2 平らな皿にのせ、スプーンの背で押さえながら皿を回して表面に模様をつける。仕上げのオリーブオイルを回しかけ、ひよこ豆をのせる。

中東の豆料理で代表的なもののひとつ。
作って保存しておけるので、冷たい前菜としても便利。
パンはもちろん、野菜スティックにつけても楽しめますよ。

➔エッセイはp.64

姑の舌

❖ 材料（2〜3人分）

なす（長めのもの）… 2本
トマト（小さめ）… 1個
プレーンヨーグルト … 100g
マヨネーズ … 20g
にんにく（みじん切り）… 1〜2片分
塩 … 適量
コリアンダー（ざく切り）… 適量
植物油 … 適量

❖ 準備

- ボウルにざるをのせてキッチンペーパーを敷き、ヨーグルトを入れて冷蔵庫でひと晩水きりをする。

  ★半量ほどになり、マヨネーズくらいのかたさになるのが目安。時短する場合は、上から水200gを入れたビニール袋で重しをして、15〜20分水きりをしても。

- ボウルに冷水と1％の塩（分量外）を入れて軽く混ぜる。

❖ 作り方

1. なすは厚さ5㎜くらいに縦にスライスし、準備した冷水のボウルに入れて3分ほどさらす。キッチンペーパーでしっかり水けをふく。
2. トマトはくし形に切る。
3. 小さめのボウルに水きりヨーグルトを入れ、マヨネーズ、にんにく、塩を加えて混ぜる。
4. フライパンに植物油を多めにひいて温め、1を並べ、両面が軽く色づくまで焼く。バットなどに取り出し、粗熱をとる。
5. まな板においた4の表面に3を多めに塗り、手前に2を置いて（a）くるりと巻く。皿に盛り、コリアンダーを添える。

a

おしゃれな見た目ながら、案外簡単に作れるんです。
ぴりっと辛いにんにくの味わいが決め手。
にんにくの量は、味見しながら好みで調整してください。

→エッセイはp.54

ミソアゴレン

❖ 材料（18×15×高さ2.5cmのバット1台分）

にんにく（みじん切り）… 2片分
玉ねぎ（みじん切り）… 1/4個分
牛ひき肉 … 80g
にんじん（みじん切り）… 1/2本分
素麺 … 3束（150g）
小ねぎ（小口切り）… 3本分（20g）
セロリの葉（みじん切り）… 20g

A
こしょう … 小さじ1/2
ナツメグ … 小さじ1/2
ビーフコンソメキューブ … 1個

卵 … 2個
植物油 … 大さじ1/2
揚げ油 … 適量

❖ 作り方

1 フライパンに植物油を温め、にんにくを炒める。香りが出てきたら玉ねぎを加え、透き通るまで炒める。ひき肉を加え、肉に火が通ったらにんじんと炒め合わせる。にんじんがやわらかくなったら水500㎖を加え、Aを混ぜて火を弱め、5分ほど煮る。

2 素麺、小ねぎ、セロリの葉を加えて5分ほど煮る。素麺に火が通り、水けが飛んだら火から下ろす。

★素麺に火が通る前に水分がなくなり乾いてしまうようであれば、適宜水を加える。
★素麺の塩けにもよるので、ここで味見をして足りなければ塩適量（分量外）を加える。

3 バットに2を入れ（a）、上からへらで押しつけながら均一な厚さになるよう敷き詰める。粗熱をとり、ラップをかけて冷蔵庫に入れ、2時間ほど冷やし固める（b）。

4 ボウルに卵を割り入れ、よく溶きほぐす。

5 冷蔵庫から取り出した3を食べやすい大きさに切り分ける（c）。

6 フライパンに揚げ油を入れて170℃くらいに温め、5を4にくぐらせて入れる（d）。各面が薄く色づくまで、返しながら短時間揚げる。

素麺が、手づかみで食べられるスナックに変身!
インドネシアのミソアを、製法が同じ素麺で代用しています。
好みでケチャップを添えても。

→エッセイはp.61

a

b

c

d

サハラブ

❖ 材料（2人分）

牛乳 … 400㎖
片栗粉 … 大さじ2
★さらっとしたドリンクとして
楽しみたい場合は大さじ1。
砂糖 … 大さじ1〜
★好みの甘さに調節する。

ナッツ類（粗く砕く）… 適量
シナモンパウダー … 適量
★仕上げのトッピングは
ココナッツフレークなど好みのもので。

❖ 作り方

1. 鍋に牛乳、片栗粉、砂糖を入れ、よく混ぜて均一にしてから火にかける。
2. 絶えず混ぜながら加熱し、とろみがついたら火から下ろす。
3. カップに注ぎ、ナッツをのせてシナモンパウダーをふる。

ホッと温まる冬の飲み物。とろみ少なめでさらっと飲んでも、
とろみ多めでスプーンですくって食べても。
お好きなトッピングで楽しんでください。

→エッセイはp.48

タラトール

❖ 材料（2人分）

きゅうり … 1本
くるみ … 20g
プレーンヨーグルト … 200g
にんにく（すりおろし）… 1片分
ディル（みじん切り）… 1束分
水 … 50〜100mℓ
オリーブオイル … 大さじ1/2
塩 … 適量

❖ 作り方

1 きゅうりは粗いみじん切りにする。くるみはポリ袋に入れてすりこ木などで粗く砕く。

2 ボウルに1とヨーグルト、にんにく、ディルを入れ、少しずつ水を加えて好みの濃度にする。最後にオリーブオイルを加えて混ぜ、塩で味をととのえる。

★ヨーグルトの種類にもよるので、水の量で好みの濃度に調節を。

3 器に注ぎ、オリーブオイル（分量外）を回しかける。

★時間があれば冷蔵庫で冷やすとなおよい。

ブルガリアの夏といえば、この冷たいヨーグルトスープ。
火を使わないので、暑くて台所に立ちたくない日こそ作りたくなります。

→エッセイはp.68

World Recipes スペイン

ソパ・デ・アホ

❖ 材料（2人分）

バゲット（かたくなったもの）
…2～3切れ
にんにく（薄切り）…3片分
オリーブオイル…大さじ2
スモークパプリカパウダー
（またはパプリカパウダー）
…小さじ1
生ハム（細切り）…30g
チキンストック…400mℓ
★チキンコンソメや鶏ガラスープの素を400mℓの湯で溶いてもOK。
塩…適量
卵…2個

❖ 作り方

1 バゲットは1.5cm角くらいに切る。

2 深めのフライパンにオリーブオイルを注ぎ、にんにくを弱火で熱する。泡が出てきてうっすらと色づき始めたら、1を加えてパン全体にオイルが絡むように混ぜる。

3 一度火から下ろし、パプリカパウダーをオイルの部分に加えてパン全体に絡める。
★焦げやすいので火から下ろして行う。

4 再び火にかけ、生ハム、チキンストックを加えて10分ほど煮る。味見をして塩けが足りなければ、塩適量を加える。

5 ボウルに卵を割り入れて溶きほぐし、4に少しずつ回し入れる。軽く火が通り、ふわっと固まったら火を止め器に盛りつける。

作っている時はガッツリにんにくが香るのに、
出来上がりはおじやみたいにやさしい味わい。
スペインでは、冷え込む日や風邪の時にも食べます。

→エッセイはp.118

World Recipes フィンランド

ムスティッカピーラッカ

❖ 材料（直径20cmの耐熱皿1台分）

バター（食塩不使用）… 100g
きび砂糖 … 70g
卵 … 2個
A オートミールパウダー … 150g
★なければオートミールをフードプロセッサーやミルサーにかける。
カルダモンパウダー … 大さじ1
ベーキングパウダー … 小さじ1

ブルーベリー … 150〜200g
★冷凍ブルーベリーを使用する場合は、ブルーベリーに片栗粉小さじ2をまぶす。こうすることでブルーベリーから出る水分が吸い取られ、水っぽくなるのを防ぐ。

❖ 準備

- バターと卵は室温に戻す。
- Aは合わせる。
- オーブンは200℃に予熱する。

❖ 作り方

1 ボウルにバターを入れ、泡立て器で混ぜてクリーム状にする。きび砂糖を加え、なめらかになったら卵を割り入れて混ぜる。さらに、合わせたAを加えて混ぜる。

2 1を耐熱皿に敷き詰め、縁が少し高くなるように手でならす。
★手を冷たい水で濡らすとやりやすい。

3 上にブルーベリーをのせ、200℃のオーブンで30〜35分焼く。焼き上がったらオーブンから取り出し、皿ごと網の上で冷ます。

森で摘んだベリーを使う、家庭的で素朴な焼き菓子。
パイともタルトとも違うほろっとくずれる食感は、
ぜひ焼いて味わってみてください。

→エッセイはp.94

World Recipes フィンランド

カルヤランピーラッカ

❖ 材料（8〜12個分）

〈米のミルク粥〉
米 … 50g、水 … 100mℓ
牛乳 … 300mℓ、塩 … 小さじ1/2
〈生地〉
ライ麦粉 … 100g、薄力粉 … 40g
溶かしバター … 10g
塩 … 小さじ1/2、水 … 100mℓ

〈仕上げ〉
溶かしバター … 大さじ1程度
〈卵バター〉
固ゆで卵（刻む）… 2個
バター（室温に戻す）… 30g
塩 … 適量

❖ 準備

- 生地を抜く口径7〜8㎝のコップなどを用意する。
- 天板にオーブンシートを敷く。
- オーブンは250℃に予熱する。

形がかわいいピーラッカ。ミルクで煮詰めた米粥はやさしい味わいで、日本人の舌にもなじむはず。卵バターのほか、スモークサーモンやハムなどをのせても。

→エッセイはp.100

❖ 作り方

1 米のミルク粥を作る。小鍋に米と分量の水を入れて弱火にかけ、米が水分を吸って水けが少なくなったら牛乳を加える。ときどき混ぜながら、へらの跡が残るくらいのかたさになったら塩を加え、火を止めて冷ます。
★冷めると一段かたくなるので煮詰めすぎには注意。

2 生地を作る。ボウルに水を除く材料をすべて入れ、混ぜ合わせる。分量の水を少しずつ加えて混ぜ、ひとまとまりにする。

3 打ち粉（ライ麦粉／分量外）をした作業台に2を取り出し、麺棒で厚さ3㎜にのばして用意したコップで抜く。

4 3に打ち粉をして、麺棒で透けるくらい薄くのばす（a）。
★光にかざすと透けて見えるくらいが理想だが、破れやすいので注意。

5 4の真ん中に1をスプーン1～2杯ずつのせ、水をつけたスプーンの背で縦長にのばし広げる（b）。手前にひだを1つ作り、人差し指と親指で生地をたぐり寄せるようにして両側にひだを作っていく（c・d）。
★ひだが尖って突き出すと焦げやすくなるので、できるだけなだらかにする。

6 天板に並べ、250℃のオーブンで生地がかたくなり米粥に軽く焦げ色がつくまで15～20分焼く。

7 焼き上がったら取り出し、刷毛で仕上げの溶かしバターを表面に塗り、ふきんで覆って10分ほどおいてしっとりさせる。

8 上にのせる卵バターを作る。ボウルに材料をすべて入れ、よく混ぜる。

9 器に7を盛り、8を添える。

a

b

c

d

World Recipes ペルー

パパ・エラダ

❖ 材料（2人分）

じゃがいも（小さめ）… 500g
塩 … 適量
プロセスチーズ … 約60g

❖ 準備

・じゃがいもは皮つきのまま洗い、冷凍庫でひと晩凍らせる。

❖ 作り方

1 冷凍庫からじゃがいもを取り出し、室温（または水に浸けて）解凍する。芯まで解凍されたら手で皮をむく（a）。

2 鍋に湯を沸かして塩適量を加え、1を入れて火が通るまで15〜30分ゆでる。

3 湯を捨てて鍋中のじゃがいもに軽く塩をふり、チーズをのせてふたをする。そのまま数分おいてチーズを溶かし、器に盛る。

a

アンデス高地の寒さは冷凍庫で再現。さっくりとした歯触りと
ぎゅっとした甘さはゆでじゃがいもともひと味違い、
新たなおいしさに出合えるはずです。

→エッセイはp.148

World Recipes メキシコ

ブニュエロス

❖ **材料**（直径約15cm12枚分）

薄力粉 … 250g
砂糖 … 大さじ1
塩 … 小さじ1/2
卵 … 1個
ぬるま湯 … 80〜100mℓ
揚げ油 … 適量

〈シロップ〉
黒糖（またはきび砂糖）… 大さじ2
水 … 大さじ4
〈シナモンシュガー〉
シナモンパウダー … 小さじ1
グラニュー糖 … 大さじ2

揚げたてのパリパリは格別。熟練のおばあちゃんは膝頭で生地を薄くのばしますが、ボウルをひっくり返してのばせば、日本の台所でも無理なくできますよ。

→エッセイはp.136

❖ 作り方

1 シロップの材料を小鍋に入れ、中火で数分温める。

★シロップは、冷めたときに蜂蜜くらいのかたさになるのが目安。

2 ボウルに薄力粉、砂糖、塩を入れて混ぜる。真ん中にくぼみを作り、卵を割り入れて混ぜる。分量のぬるま湯を少しずつ加えてこね、なめらかなひとまとまりの生地にする。

★ぬるま湯の量は、生地の様子を見て調節する。

3 12等分にして丸め、表面をなめらかにして植物油（分量外）を塗る。乾燥しないようにふきんをかぶせ、30分ほど室温におく。

4 3を手のひらにのせてつぶし、円盤状に平たくする。

5 ボウルを伏せて置き、多めの植物油（分量外）を塗って4をのせ、両手のひらで広げるように押しつけながらさらに薄くのばしていく（a）。向こう側が透けて見え、これ以上薄くならないくらいまで生地を引きのばし、フォークで真ん中を軽く刺す。

6 フライパンに深さ2～3㎝の揚げ油を入れ、180℃に熱する。5を1枚ずつ入れ、浮かないようにトングで押さえながら（b）、片面につき約1分弱ずつ揚げる。両面がきつね色に揚がったら、バットに取り出して粗熱をとり、混ぜ合わせたシナモンシュガーをかける。器に盛り、1を添える。

★砕いてシロップをかけて食べたり、そのままでもおいしい。

b

おわりに

パプリカを見ると、ブルガリアで喧嘩しながらリュテニツァを作った日のことを思い出す。ひときわ冷え込んだ冬の日には、パレスチナのサハラブを作りたくなる。そしてあの家族は元気にしてるかなあと思い、メッセンジャーを開いて「今年も作ったよ！」なんて送る。

私は直接出会った家族だから特別思い入れがあるのだが、本書を読んでくださった方とも、その一端が共有できたならばと思う。今度ヨーグルトやじゃがいもを見た時に、何か思い出すことがあればうれしい。本書で紹介したひと皿でなくとも、手にした食材の向こう側、食べ物の向こうに、思いを及ばすことがあったならば。

この世界は、希望ある話と同じくらい、心配な話題にあふれている。ウクライナでの戦争、南スーダンでの紛争と貧困、資源の奪い合い、環境問題。事は単純ではないけれど、人と人とが互いを理解しようとし、争うよりも協調を目指せたならば、世界はもっと良い場所になると信じている。政治的立場によらず、誰もが日々何かを食べて生きている。ひと皿の向こうの世界に興味を持つことの力を信じたい。

本書に綴った一つ一つの物語は、受け入れてくれる家族とつないでくれる友人がいなければ、出合うこともできなかった。ここで全員の名前を挙げることはできないけれど、一人ひとりに心からの感謝を伝えたい。

また、巻末に収めたレシピは、家庭で教わった目分量の作り方をもとに私が作成したものが主だが、中には家庭の方が「我が家のレシピ」を書き起こして提供してくれたものがある。ミソアゴレンのレシピは、デヴィが書き起こしてくれただけでなく私の試作写真を見て細かい調整に付き合ってくれた。カルヤランピーラッカは、キルスィが成形について何度もアドバイスをくれた。ムスティッカピーラッカは、カイエが日本向けに材料を調整して試作までしてくれたおかげで、大切な特別なレシピになった。あなたたちのおかげでレシピが届けられること、とってもうれしいです。ありがとう。

そしてこの本を手に取ってくださったあなた。台所探検に加わってくださって、ありがとうございます。世界は広く、まだまだ知らないことばかり。次の探検でまたご一緒できることを楽しみにしています。

世界の台所探検家　岡根谷実里

岡根谷実里（おかねや・みさと）

世界の台所探検家。1989年長野県生まれ。東京大学大学院工学系研究科修士修了後、クックパッド株式会社に勤務し、独立。世界各地の家庭の台所を訪れて一緒に料理をし、料理を通して見える暮らしや社会の様子を発信している。30以上の国と地域、170以上の家庭を訪問。講演、執筆、研究などを行う。著書に『世界の台所探検 料理から暮らしと社会がみえる』（青幻舎）、『世界の食卓から社会が見える』（大和書房）など。

文・写真（P177〜197を除く）・料理 … 岡根谷実里
デザイン … 新井大輔（装幀新井）
イラスト … 中島陽子
撮影 … 元家健吾
スタイリング・調理補助 … 松野季沙
DTP … 天龍社
編集 … 若名佳世（山と溪谷社）

本書は、月刊誌『味の手帖』の連載「世界皿紀行」の記事（2021年9月号〜2024年9月号）を抜粋・再構成し、一部新規書き下ろしおよび撮り下ろしを加えたものです。

世界ひと皿紀行
料理が映す24の物語

2025年3月10日　初版第1刷発行

著者　岡根谷実里

発行人　川崎深雪
発行所　株式会社　山と溪谷社
〒101-0051　東京都千代田区神田神保町1丁目105番地
https://www.yamakei.co.jp/
印刷・製本　株式会社シナノ

●乱丁・落丁、及び内容に関するお問合せ先
山と溪谷社自動応答サービス　TEL.03-6744-1900
受付時間／11:00〜16:00（土日、祝日を除く）
メールもご利用ください。
【乱丁・落丁】service@yamakei.co.jp
【内容】info@yamakei.co.jp

●書店・取次様からのご注文先
山と溪谷社受注センター
TEL.048-458-3455　FAX.048-421-0513

●書店・取次様からのご注文以外のお問合せ先
eigyo@yamakei.co.jp

ISBN978-4-635-24130-4